कोई दीवाना कहता है

डॉ. कुमार विश्वास

वाणी प्रकाशन

प्रकाशन के उत्कृष्टतम 62 वर्ष

वाणी प्रकाशन सजिल्द प्रथम संस्करण : 2025

vaniprakashan.com

वाणी प्रकाशन

4695, 21-ए, दरियागंज, नयी दिल्ली-110 002

फ़ोन : +91 11 23273167, 23275710

शाखाएँ

अशोक राजपथ, पटना-800 004, बिहार

कॉफ़ी हाउस कैम्पस, महात्मा गांधी मार्ग, इलाहाबाद-211 001, उत्तर प्रदेश

महात्मा गांधी अन्तरराष्ट्रीय हिन्दी विश्वविद्यालय, वर्धा-442 001, महाराष्ट्र

sales@vaniprakashan.in
vaniprakashan@gmail.com

Koi Deewana Kahta Hai
by Dr. Kumar Vishwas

ISBN : 978-81-962190-6-2
Poetry Collection

मूल्य : ₹ 450

रेखाचित्र : इमरोज़

सिटी प्रेस, दिल्ली-110 032 में मुद्रित

वाणी प्रकाशन का लोगो मक़बूल फ़िदा हुसैन की कूची से

उन
सपनों को
जो
अपनों ने तोड़ दिये...

पूरा जीवन

बीत गया है

बस तुमको गा,

भर लेने में...

हर पल

कुछ-कुछ रीत गया है,

पल जीने में,

पल मरने में,

इसमें

कितना औरों का है,

अब इस गुत्थी को

क्या खोलें,

गीत, भूमिका

सब कुछ तुम हो

अब इससे आगे

क्या बोलें...

सबका कुछ-न-कुछ उधार है, सो सबका आभार है...

भूमिका

लोग मुझसे अक्सर यह बात पूछते हैं कि किसी रचनाकार की जो पंक्तियाँ अत्यन्त लोकप्रिय हो जाती हैं या जिन्हें जनमानस अपनी स्मृति-मंजूषा में सहज ही स्वीकार कर संगृहीत भी कर लेता है या जिन्हें हर आयु वर्ग के लोग गुनगुनाते मिलते रहते हैं या जिन्हें सात समन्दर पार भी हमारी भाषा को सामान्य रूप से ही समझ पाने वाले लोग भी पढ़ते गाते मिल जाते हैं उनमें भला ऐसी क्या विशिष्टता होती है? आख़िर कोई सामान्य सी हिन्दी कविता अफ़्रीकी देशों के श्रोता-पाठक या अरब देश के लोग भी क्यों स्वीकार कर लेते हैं या हम स्वयं भी दूसरी भाषाओं की जिन कविताओं को सहज ही स्वीकार कर उद्धरणों में सजाते हैं उनमें भला ऐसा क्या चमत्कार होता है? जैसे माँ मीरा बाई के पदों की ही बात करें तो "मेरे तो गिरधर गोपाल दूसरो न कोई" सरस व एकात्म प्रेम की निवेदना तो है पर इस पद में ऐसा कोई बड़ा उक्ति वैचित्र्य तो नहीं है। इसमें सहजता व सरलता के अतिरिक्त ऐसा कोई कारण नहीं है जो ये जनमानस का इतना अधिक अभीष्ट कंठहार बन जाये कि शताब्दियों गाया जाये। लेकिन फिर भी माँ मीरा का नाम आते ही लोगों के मन में सबसे पहले "मेरे तो गिरधर गोपाल" का ही ध्यान क्यूँ आता है? ऐसे ही बच्चन जी की लोकप्रिय कृति मधुशाला के छन्द "वैर बढ़ाते मन्दिर मस्जिद, मेल कराती मधुशाला" में कोई बहुत बड़ा दर्शन नहीं छुपा। निश्चित रूप से ऐसी पंक्तियों ने आज़ादी की लड़ाई में पूरे हिन्दुस्तान को एक साथ जोड़ने वाले सद्भाव को पुष्ट व सबल किया परन्तु काव्यशास्त्र की दृष्टि से इसमें भी ऐसा कोई विशेष चमत्कार तो नहीं है जिसके बल पर इसे लगभग एक शताब्दी तक जनता के कंठहार के रूप में प्रतिष्ठित होने का सौभाग्य मिले।

"कोई दीवाना कहता है" की लोकप्रियता एक प्रेमी, एक रचनाकार व एक हिन्दी भाषी होने के नाते मेरे लिए सौभाग्य का विषय तो है किन्तु साहित्य जगत के लोग अक्सर इन मुक्तकों की अपार व अक्षुण्ण लोकप्रियता के प्रति भी ऐसे ही

कौतूहल से भरे रहते हैं। कुछ तो स्पष्ट ही पूछ लेते हैं कि भाई इसमें ऐसा क्या है कि तुम पहला शब्द बोलते हो और लाखों का जन-समूह शेष पंक्तियाँ स्वयमेव ही गुँजा देता है? तो दूसरी ओर साहित्यिक-राजनैतिक कुंठाओं से दग्ध कुछ चिर-चिन्तित रुदाली-कुलभूषण, प्रकारान्तर से बहुधा इन पंक्तियों का प्रयोग मेरी अनवरत आलोचना के लिए भी करते रहते हैं। कई बार इन पंक्तियों के कारण मेरी ऐसी बहुत सारी दूसरी रचनाएँ भी सहज उपेक्षित हो जाती हैं जो उक्ति-वैचित्र्य, शिल्प-कौशल व भाव-संगठना की दृष्टि से थोड़ी अधिक बेहतर व आलोचनीय हैं।

जिज्ञासा व कौतूहल भरी तमाम दृष्टियों का केन्द्र बने इस प्रश्न पर मैंने भी कई बार सोचा है कि आख़िर इन पंक्तियों में ऐसा क्या है जो ये हिन्दी-उर्दू के करोड़ों-करोड़ पाठकों-श्रोताओं द्वारा दो दशकों से इतनी पसन्द की जाती रही हैं। विशेष रूप से ये पंक्तियाँ तो तब लोकप्रिय हुईं जिस वक़्त आज के सोशल-मीडिया के वायरल-कल्चर के साजोसामान भी उपलब्ध नहीं थे। बदलते दौर की जल्दबाज़ी के उस वक़्त में किसी भी रचना के लिए काग़ज़ से निकलकर लोक-कंठ तक की यात्रा करना बेहद ही मुश्किल था। उस दौर में भी जन-जन तक पहुँची इन पंक्तियों की सहज लोकप्रियता के कारणों पर विचार करने के उपरान्त मुझे तो यह ही लगता है कि जो भी अभिव्यक्ति रचनाधर्मिता की प्रकिया से कटकर, मात्र स्वयं को शाब्दिक रूप से दोहरा देने की जद्दोजहद में व्यक्त हो गयी है वह ही जनता के विशेष व सहज स्वीकार्यता-कोष में प्रवेश कर पायी है। विशिष्ट पंक्तियों में रचना प्रक्रिया की कोई एक छाप कहीं न कहीं जुड़ी ही होती है। उनमें लिखे जाने का, रचे जाने का एक सामान्य बोध सम्मिलित होता ही है। पर जब माँ मीरा ने "मेरे तो गिरधर गोपाल" कहा होगा तो वह गद्य या पद्य की चिन्ताओं से बेफ़िक्र एक सहज प्रवाहमान सात्विक अभिव्यक्ति मात्र रही होगी। उन्होंने कृष्ण-प्रेम में उमगते मन को संचित शब्दों के दालान से गुज़र भर जाने दिया होगा। भाव के ठुमकते पैरों में शब्द लिपटकर कंठ की विह्वलता तक पहुँच गये होंगे और समय ने उस अनघा अभिव्यक्ति के ईश्वरीय आगमन को अपने हृदय में सदा-सर्वदा के लिए सादर सँजो लिया होगा।

लिखने-पढ़ने वाले अधिकांश लोग सहमत होंगे कि हमारी रचना प्रक्रिया के दौरान, सहज भाव-प्रवाह के बीच अनिवार्य रचनात्मकता अनुशासन का प्रवेश भी कई बार रचना की भाव-शुद्धता को कोष्ठांकित करके उसकी स्वीकार्यता को एक विशेष वर्ग मात्र तक सीमित कर देता है। किसी निष्णात स्वर्णकार के कौशल प्रदर्शन की पूरी गुंजाइश, सोने की अठारह या बाईस कैरेट होने तक की सान्द्रता पर निर्भर है परन्तु अपनी चमक से हर दृष्टि को सहज सम्मोहित कर लेने वाले स्वर्ण का शुद्धतम

रूप तो चौबीस कैरेट ही है। रचना प्रक्रिया की जटिलताओं में उलझे बिना, भावों की चौबीस कैरेट वाली प्रकृतिस्थ स्थिति ही किसी भी रचना की लोकप्रियता का मूल कारण है। मात्रा-दोष, छन्द-विधान व अलंकारिकता बाईस कैरेट की मनमोहिनी है। असली सोना तो चौबीस कैरेट ही है फिर भले उसका आकार टेढ़ा-मेढ़ा हो।

बिना किसी तटबन्ध-नियन्त्रण व कूल-किनारों के बन्धन से बाहर झर रहे झरने की निर्मलता, प्रवाह तथा उसका सौन्दर्य, पक्के बाँधों और नियोजित किनारों से घिरी नदियों की तुलना में कहीं अधिक सम्मोहक दिखायी पड़ता है। "कोई दीवाना कहता है" केवल हिन्दी कविता के लिए ही नहीं बल्कि स्वयं मेरे लिए भी एक अबूझ पहेली जैसी घटना है। अब आगे ऐसी घटना मेरे साथ कब घटित होगी? कितनी बार घटित होगी? या फिर होगी भी या नहीं होगी? मुझे इस बारे में कोई अन्दाज़ा नहीं है और न मैं ऐसे विचार से स्वयं को बाँध कर अपनी भाव-सरिता को अनुशासित करूँगा। ऐसी घटना अभी और किसके साथ घटित हो रही है अथवा आगे किसके साथ घटित होगी मुझे यह भी नहीं पता है और यकीनन जिसके साथ घटित हो रही होगी उसे भी नहीं पता होगा। वस्तुतः यह घटित ही तब होगी जब उसे पता नहीं होगा। जैसे बारिश के मौसम में आकाश में बिखरे बादलों का कौन-सा समुच्चय गणपति की आकृति बनायेगा और कौन-सा खेलते हुए बच्चे की? उनकी गति देखने पर कहाँ रूई के बिखरे फाहों जैसी नज़र आयेगी और कहाँ उनमें एक बेसुध नृत्यांगना की छवि का निर्माण होगा यह कम-से-कम मन की तरंग पर उड़ते बादलों को तो बिल्कुल ही पता नहीं होता। और अगर बादलों को यह पता चलने लगे तो फिर वे स्वयं ही चमत्कार प्रदर्शन में जुट जायेंगे। इसलिए तो उनकी आकृति उन तुहिन कणों को एक साथ जोड़कर उड़ाने वाली नियति पर ही निर्भर करती है कि कब, कहाँ ऐसा संयोग सृजित होगा जब खेतों में श्रमसाध्य दुपहरी जीता एक कृषक, हवाई जहाज़ में यात्रा कर रहा एक सामान्य पेशेवर तथा पंच सितारा होटल की पिक्चर विंडो की तरफ़ देखकर अँगड़ाई लेता एक लगभग नास्तिक आदमी, तीनों ही प्रकृति की उस अहेतुक लीला से आकाश में उभरे गणपति को देखकर स्वतः ही प्रणाम की मुद्रा में हाथ जोड़ लें।

इस पुस्तक को आप सबने जिस तरह स्वीकार किया है उसके लिए मैं आभार कह कर आपकी सदाशयता, आपकी प्रेमिल-स्वीकार्यता और भगवती सरस्वती की अहेतुक कृपा के प्रति अपराध नहीं करूँगा। नये कलेवर, नयी भूमिका और नये रूप में मेरी यह सहज वाणी, वाणी के माध्यम से आप सबको अर्पित है। त्वदीयं वस्तु गोविन्द तुभ्यमेव समर्पये।

अनुक्रम

बिन गाये भी तुमको गाया

ये रदीफ़ों क़ाफ़िया

चन्द कलियाँ निशात की

तुमने इतना सब लूटा है,
हर गायन में कुछ छूटा है...

कब तक गीत सुनाऊँ राधा

कब तक गीत सुनाऊँ राधा
कब तक गीत सुनाऊँ?
मथुरा छूटी, छूटी द्वारिका
इन्द्रप्रस्थ ठुकराऊँ।।
बंशी छूटी गोकुल छूटा,
कब तक चक्र उठाऊँ?
पिछले जनम जानकी तुझ बिन
जैसे-तैसे बीता,
महासमर में रीता-रीता
कब तक गाऊँ गीता?
और अभी कितने जन्मों तक
तुझ से दूर बिताऊँ?
कब तक गीत सुनाऊँ राधा
कब तक गीत सुनाऊँ?

बचपन से प्रभुता का बोझा
ढोते कटी जवानी,
हर पल षड्यन्त्रों में उलझीं
साँसें आनी-जानी,
युग की आँखें अमरित पीती रहीं
मुझ तक-तक कर,
अधर मधुर देखे सबने पर

पीड़ा ना पहचानी,
इस पीड़ा को यार सुदामा!
कब तक महल दिखाऊँ?
कब तक गीत सुनाऊँ राधा
कब तक गीत सुनाऊँ?

दो माँओं ने लाड़ लड़ाया
दो चेहरों ने चाहा,
फिर भी भरी द्वारिका में मैं
ख़ुद को लगा पराया,
मेरा क्या अपराध कि मेरा
गाँव-गली-घर छूटा,
आँचल से बिछड़े को जग ने
पीताम्बर पहनाया,
जग चाहे जाते-जाते भी
बंशी मधुर सुनाऊँ?
कब तक गीत सुनाऊँ राधा
कब तक गीत सुनाऊँ?

जग-भर के अपराध सदा ही
अपने शीष उठाये,
रस का माखन सबने चाखा,
चोर हमीं कहलाये,
युग के दुर्योधन के जब भी
अहंकार को तोड़ा,
दुनिया जीती गान्धारी के
शाप हमीं ने खाये,
मुझ को गले लगाओ या
बस मैं ही गले लगाऊँ?

कब तक गीत सुनाऊँ राधा
कब तक गीत सुनाऊँ?

बाँसुरी चली आओ

तुम अगर नहीं आयीं, गीत गा न पाऊँगा
साँस साथ छोड़ेगी, सुर सजा न पाऊँगा
तान भावना की है, शब्द-शब्द दर्पण है
बाँसुरी चली आओ, होंठ का निमन्त्रण है

तुम बिना हथेली की हर लकीर प्यासी है
तीर पार कान्हा से दूर राधिका-सी है
शाम की उदासी में याद संग खेला है
कुछ ग़लत न कर बैठे, मन बहुत अकेला है
औषधि चली आओ, चोट का निमन्त्रण है,
बाँसुरी चली आओ, होंठ का निमन्त्रण है

तुम अलग हुईं मुझ से "साँस ख़ताओं से"
भूख की दलीलों से, वक़्त की सज़ाओं से
दूरियों को मालूम है दर्द कैसे सहना है
आँख लाख चाहे पर होंठ से न कहना है
कँचनी कसौटी को, खोट का निमन्त्रण है
बाँसुरी चली आओ, होंठ का निमन्त्रण है

मन तुम्हारा हो गया

मन तुम्हारा
हो गया तो हो गया।
एक तुम थे जो सदा से अर्चना के गीत थे,
एक हम थे जो सदा ही धार के विपरीत थे।
ग्राम्य-स्वर कैसे कठिन आलाप, नियमित साध पाता,
द्वार पर संकल्प के लखकर पराजय कँपकँपाता।
क्षीण-सा स्वर
खो गया तो खो गया।
मन तुम्हारा
हो गया तो हो गया।
लाख नाचे मोर-सा मन, लाख तन का सीप तरसे,
कौन जाने किस घड़ी, तपती धरा पर मेघ बरसे।
अनसुने चाहे रहे तन के सजग शहरी बुलावे,
प्राण में उतरे मगर जब सृष्टि के आदिम छलावे।
बीज बादल
बो गया तो बो गया
मन तुम्हारा
हो गया तो हो गया।

मैं तुम्हें ढूँढ़ने

मैं तुम्हें ढूँढ़ने, स्वर्ग के द्वार तक
रोज़ जाता रहा, रोज़ आता रहा
तुम ग़ज़ल बन गयीं, गीत में ढल गयीं
मंच से मैं तुम्हें गुनगुनाता रहा...

ज़िन्दगी के सभी रास्ते एक थे
सबकी मंज़िल तुम्हारे चयन तक रहीं
अप्रकाशित रहे पीर के उपनिषद्
मन की गोपन-कथाएँ नयन तक रहीं
प्राण के पृष्ठ पर प्रीति की अल्पना
तुम मिटाती रहीं, मैं बनाता रहा
तुम ग़ज़ल बन गयीं, गीत में ढल गयीं
मंच से मैं तुम्हें गुनगुनाता रहा...

एक ख़ामोश हलचल बनी ज़िन्दगी
गहरा-ठहरा हुआ जल बनी ज़िन्दगी
तुम बिना जैसे महलों में बीता हुआ
उर्मिला का कोई पल बनी ज़िन्दगी
दृष्टि-आकाश में आस का इक दिया
तुम बुझाती रहीं, मैं जलाता रहा
तुम ग़ज़ल बन गयीं, गीत में ढल गयीं
मंच से मैं तुम्हें गुनगुनाता रहा...

तुम चली तो गयीं मन अकेला हुआ
सारी यादों का पुरज़ोर मेला हुआ
जब भी लौटीं नयी ख़ुशबूओं में सजी
मन भी बेला हुआ, तन भी बेला हुआ
ख़ुद के आघात पर, व्यर्थ की बात पर
रूठती तुम रहीं, मैं मनाता रहा
तुम ग़ज़ल बन गयीं, गीत में ढल गयीं
मंच से मैं तुम्हें गुनगुनाता रहा...

मैं तुम्हें ढूँढ़ने, स्वर्ग के द्वार तक
रोज़ जाता रहा, रोज़ आता रहा...

प्यार नहीं दे पाऊँगा

ओ कल्पवृक्ष की सोनजूही
ओ अमलतास की अमल कली
धरती के आतप से जलते
मन पर छायी निर्मल बदली
मैं तुमको मधुसद्गन्ध युक्त, संसार नहीं दे पाऊँगा
तुम मुझको करना माफ़, तुम्हें मैं प्यार नहीं दे पाऊँगा

तुम कल्पवृक्ष का फूल और
मैं धरती का अदना गायक
तुम जीवन के उपभोग योग्य
मैं नहीं स्वयं अपने लायक
तुम नहीं अधूरी ग़ज़ल शुभे!
तुम साम-गान सी पावन हो
हिमशिखरों पर सहसा कौंधी
बिजुरी-सी तुम मनभावन हो
इसलिए व्यर्थ शब्दों वाला, व्यापार नहीं दे पाऊँगा
तुम मुझको करना माफ़, तुम्हें मैं प्यार नहीं दे पाऊँगा

तुम जिस शय्या पर शयन करो
वह क्षीर-सिन्धु सी पावन हो
जिस आँगन की हो मौलश्री
वह आँगन क्या वृन्दावन हो

जिन अधरों का चुम्बन पाओ
वे अधर नहीं गंगा तट हों
जिसकी छाया बन साथ रहो
वह व्यक्ति नहीं वंशी-वट हो
पर मैं वट जैसा सघन छाँह-विस्तार नहीं दे पाऊँगा
तुम मुझको करना माफ़, तुम्हें मैं प्यार नहीं दे पाऊँगा

मैं तुमको चाँद-सितारों का
सौंपूँ उपहार भला कैसे
मैं यायावर बंजारा साधूँ
सुर-संसार भला कैसे
मैं जीवन के प्रश्नों से नाता
तोड़, तुम्हारे साथ प्रिये!
बारूद बिछी धरती पर कर लूँ
दो पल प्यार भला कैसे
इसलिए विदा हर आँसू को, सत्कार नहीं दे पाऊँगा
तुम मुझको करना माफ़, तुम्हें मैं प्यार नहीं दे पाऊँगा

ओ कल्पवृक्ष की सोनजूही
ओ अमलतास की अमल कली

नुमाइश

कल नुमाइश में फिर गीत मेरे बिके
और मैं क़ीमतें ले के घर आ गया
कल सलीबों पे फिर प्रीत मेरी चढ़ी
मेरी आँखों पे स्वर्णिम धुआँ छा गया

कल तुम्हारी सु-सुधि में भरी गन्ध फिर
कल तुम्हारे लिए कुछ रचे छन्द फिर
मेरी रोती-सिसकती सी आवाज़ में
लोग पाते रहे मौन आनन्द फिर
कल तुम्हारे लिए आँख फिर नम हुई
कल अनजाने ही महफ़िल में, मैं छा गया

कल सजा रात आँसू का बाज़ार फिर
कल ग़ज़ल-गीत बनकर ढला प्यार फिर
कल सितारों-सी ऊँचाई पाकर भी मैं
ढूँढ़ता ही रहा एक आधार फिर
कल मैं दुनिया को पाकर भी रीता रहा
आज खोकर स्वयं को तुम्हें पा गया

तुम गये क्या

तुम गये क्या, शहर सूना कर गये
दर्द का आकार, दूना कर गये

जानता हूँ फिर सुनाओगे मुझे मौलिक कथाएँ
शहर भर की सूचनाएँ, उम्र भर की व्यस्तताएँ
पर जिन्हें अपना बनाकर, भूल जाते हो सदा तुम
वे तुम्हारे बिन, तुम्हारी वेदना किसको सुनाएँ
फिर मेरा जीवन, उदासी का नमूना कर गये
तुम गये क्या, शहर सूना कर गये

मैं तुम्हारी याद के मीठे तराने बुन रहा था
वक़्त ख़ुद जिनको मगन हो, साँस थामे सुन रहा था
तुम अगर कुछ देर रुकते तो तुम्हें मालूम होता
किस तरह बिखरे पलों से मैं बहाने चुन रहा था
रात भर 'हाँ-हाँ' किया पर, प्रात में 'ना' कर गये
तुम गये क्या, शहर सूना कर गये

बेशक़ ज़माना पास था

जीवन में जब तुम थे नहीं
पलभर नहीं उल्लास था।
ख़ुद से बहुत मैं दूर था,
बेशक़ ज़माना पास था।

होंठों पे मरुथल और दिल में एक मीठी झील थी,
आँखों में आँसू से सजी, इक दर्द की कन्दील थी।
लेकिन मिलोगे तुम मुझे
मुझको अटल विश्वास था
ख़ुद से बहुत मैं दूर था, बेशक़ ज़माना पास था।

तुम मिले जैसे कुँवारी कामना को वर मिला।
चाँद की आवारगी को पूनमी-अम्बर मिला।
तन की तपन में जल गया
जो दर्द का इतिहास था।
ख़ुद से बहुत मैं दूर था, बेशक़ ज़माना पास था।

सफ़ाई मत देना

एक शर्त पर मुझे निमन्त्रण है मधुरे स्वीकार
सफ़ाई मत देना,
अगर करो झूठा ही चाहे, करना हो पल प्यार
सफ़ाई मत देना...

अगर दिलाऊँ याद, पुरानी कोई मीठी बात
दोष मेरा होगा
अगर बताऊँ, कैसे झेला प्राणों पर आघात
दोष मेरा होगा
मैं ख़ुद पर क़ाबू पाऊँगा, तुम करना अधिकार
सफ़ाई मत देना...

है आवश्यक वस्तु स्वास्थ्य, यह भी मुझको स्वीकार
मगर मजबूरी है
प्रतिभा के यूँ क्षरण हेतु भी, मैं ही ज़िम्मेदार
मगर मजबूरी है
तुम फिर कोई बहाना झूठा, कर लेना तैयार
सफ़ाई मत देना...

बादड़ियो गगरिया भर दे

बादड़ियो गगरिया भर दे
बादड़ियो गगरिया भर दे
प्यासे तन-मन जीवन को
इस बार तो तू तर कर दे
बादड़ियो गगरिया भर दे...

अम्बर से अमरित बरसे
तू बैठ महल में तरसे
प्यासा ही, मर जायेगा
बाहर तो आजा घर से

इस बार समन्दर अपना
बूँदों के हवाले कर दे
बादड़ियो गगरिया भर दे...

सबकी अरदास पता है
रब को, सब ख़ास पता है
जो पानी में घुल जाये
बस उसको प्यास पता है

बूँदों की लड़ी बिखरा दे
आँगन में उजाले कर दे
बादड़ियो गगरिया भर दे...

बादड़ियो गगरिया भर दे...
बादड़ियो गगरिया भर दे...

प्यासे तन-मन-जीवन को
इस बार तो तू, तर कर दे
बादड़ियो गगरिया भर दे...

धीरे-धीरे चल री पवन

धीरे-धीरे चल री पवन, मन आज है अकेला रे
पलकों की नगरी में सुधियों का मेला रे

धीरे चलो री! आज नाव न किनारा है
नयनों की बरखा में याद का सहारा है
धीरे-धीरे निकल मगन-मन, छोड़ सब झमेला रे
पलकों की नगरी में सुधियों का मेला रे

होनी को रोके कौन, वक़्त से बँधे हैं सब
राह में बिछुड़ जाये, कौन जाने कैसे कब
पीछे मींचे आँख, सँजोये, दुनिया का रेला रे
पलकों की नगरी में सुधियों का मेला रे

तेज़ जो चले हैं माना दुनिया से आगे हैं
किसको पता है किन्तु, कितने अभागे हैं
वो क्या जाने महका कैसे, आधी रात बेला रे
पलकों की नगरी में सुधियों का मेला रे

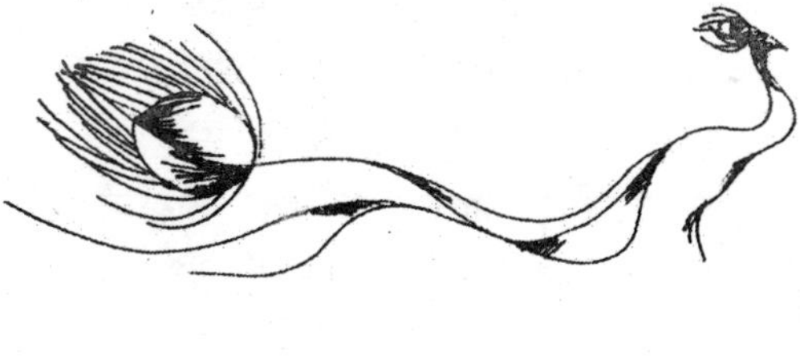

क्या समर्पित करूँ

बाँध दूँ चाँद, आँचल के इक छोर में
माँग भर दूँ तुम्हारी सितारों से मैं
क्या समर्पित करूँ जन्मदिन पर तुम्हें
पूछता फिर रहा हूँ बहारों से मैं

गूँथ दूँ वेणी में, पुष्प मधुमास के
और उनको हृदय की अमर गन्ध दूँ
स्याह भादों भरी, रात जैसी सजल
आँख को मैं अमावस का अनुबन्ध दूँ
पतली भ्रू-रेख की फिर करूँ अर्चना
प्रीति के मद-भरे कुछ इशारों से मैं
बाँध दूँ चाँद आँचल के इक छोर में
माँग भर दूँ तुम्हारी सितारों से मैं

पँखुरी से अधर-द्वय तनिक चूम कर
रंग दे दूँ उन्हें सान्ध्य-आकाश का
फिर सजा दूँ अधर के निकट एक तिल
माह ज्यों वर्ष के मध्य, मधुमास का
चुम्बनों की प्रवाहित करूँ फिर नदी
करके विद्रोह मन के किनारों से मैं
बाँध दूँ चाँद आँचल के इक छोर में
माँग भर दूँ तुम्हारी सितारों से मैं

मेरे मन के गाँव में

जब भी मुँह ढँक लेता हूँ
तेरी ज़ुल्फ़ों की छाँव में,
कितने गीत उतर आते हैं
मेरे मन के गाँव में।

एक गीत पलकों पर लिखना,
एक गीत होंठों पर लिखना,
यानी सारे गीत हृदय की
मीठी-सी चोटों पर लिखना।
जैसे चुभ जाता है कोई काँटा नंगे पाँव में
ऐसे गीत उतर आते हैं, मेरे मन के गाँव में।

पलकें अगर झुकी तो जैसे
धरती के उन्माद सो गये,
पलकें अगर उठीं तो जैसे
बिन बोले संवाद हो गये।
जैसे धूप, चुनरिया ओढ़े, आ बैठी हो छाँव में,
ऐसे गीत उतर आते हैं, मेरे मन के गाँव में।

माँग की सिन्दूर रेखा

माँग की सिन्दूर रेखा, तुमसे यह पूछेगी कल...
"यूँ मुझे सिर पर सजाने का तुम्हें अधिकार क्या है?"
तुम कहोगी—"वह समर्पण बचपना था" तो कहेगी...
"गर वो सब कुछ बचपना था,
तो कहो फिर प्यार क्या है?"

कल कोई अल्हड़, अयाना, बावरा झोंका पवन का,
जब तुम्हारे इंगितों पर, गन्ध भर देगा चमन में,
या कोई चन्दा धरा का, रूप का मारा, बेचारा
कल्पना के तार से, नक्षत्र जड़ देगा गगन में,
तब किसी आशीष का आँचल, मचल कर पूछ लेगा...
"यह नयन-विनिमय अगर है
प्यार, तो व्यापार क्या है?"

कल तुम्हारे गन्धवाही-केश, जब उड़कर किसी की
आँख को, उल्लास का आकाश कर देंगे कहीं पर,
और साँसों के मलयवाही झकोरे, मुझ सरीखे
नव-विटप को, सावनी-वातास कर देंगे वहीं पर,
तब यही बिछुये, महावर, चूड़ियाँ, गजरे कहेंगे...
"इस अमर सौभाग्य के
शृंगार का आधार क्या है?"

कल कोई दिनकर, विजय का सेहरा सिर पर सजाये
जब तुम्हारी सप्तवर्णी-छाँह में सोने चलेगा,
या कोई हारा-थका, व्याकुल सिपाही जब तुम्हारे
वक्ष पर धर शीष, लेकर हिचकियाँ रोने चलेगा,
तब किसी तन पर कसी दो बाँह जुड़कर पूछ लेंगी...
"इस प्रणय जीवन-समय में
जीत क्या है? हार क्या है?"

माँग की सिन्दूर रेखा, तुमसे यह पूछेगी कल...
"यूँ मुझे सर पर सजाने का तुम्हें अधिकार क्या है?"

चाँद ने कहा है

चाँद ने कहा है, एक बार फिर चकोर से,
'इस जनम में भी जलोगे तुम ही मेरी ओर से'
हर जनम का अपना चाँद है, चकोर है अलग,
हर जनम के आँसुओं की, अपनी कोर है अलग।
यूँ जनम-जनम का एक ही मछेरा है मगर,
हर जनम की मछलियाँ अलग हैं, डोर है अलग।
डोर ने कहा है मछलियों की पोर-पोर से,
'इस जनम में भी बिंधोगी तुम ही मेरी ओर से'
चाँद ने कहा है एक बार फिर चकोर से,
'इस जनम में भी जलोगे तुम ही मेरी ओर से'

है अनन्त सर्ग और यह कथा विचित्र है,
पंक से जनम लिया है पर कमल पवित्र है।
यूँ जनम-जनम का एक ही वो चित्रकार है,
हर जनम की तूलिका अलग, अलग ही चित्र है।
ये कहा है तूलिका ने, चित्र के चरित्र से,
'इस जनम में भी सजोगे तुम ही मेरी कोर से'
चाँद ने कहा है एक बार फिर चकोर से,
'इस जनम में भी जलोगे तुम ही मेरी ओर से'

हर जनम के फूल हैं अलग, हैं तितलियाँ अलग,
हर जनम की शोखियाँ अलग, हैं सुर्ख़ियाँ अलग

ध्वंस और सृजन का एक राग है अमर, मगर,
हर जनम का आशियाँ अलग, है बिजलियाँ अलग।
नीड़ से कहा है, बिजलियों ने ज़ोर-शोर से,
'इस जनम में भी मिटोगे तुम ही मेरी ओर से'
चाँद ने कहा है एक बार फिर चकोर से,
'इस जनम में भी जलोगे तुम ही मेरी ओर से'

मधुयामिनी

क्या अजब रात थी, क्या ग़ज़ब रात थी
दंश सहते रहे, मुस्कुराते रहे
देह की उर्मियाँ बन गयीं भागवत्
हम समर्पण भरे अर्थ पाते रहे

मन में अपराध की, एक शंका लिए
कुछ क्रियाएँ हमें, जब हवन-सी लगीं,
एक-दूजे की साँसों में घुलती हुई
बोलियाँ भी हमें, जब भजन-सी लगीं
कोई भी बात हमने न की रात-भर
प्यार की धुन कोई गुनगुनाते रहे
देह की उर्मियाँ बन गयीं भागवत्
हम समर्पण भरे अर्थ पाते रहे

पूर्णिमा की अनघ चाँदनी-सा बदन
मेरे आगोश में यूँ पिघलता रहा
चूड़ियों से भरे हाथ लिपटे रहे
सुर्ख़ होंठों से झरना-सा झरता रहा
इक नशा-सा अजब छा गया था कि हम
ख़ुद को खोते रहे तुम को पाते रहे
देह की उर्मियाँ बन गयीं भागवत्
हम समर्पण भरे अर्थ पाते रहे

आहटों से बहुत दूर पीपल तले
वेग के व्याकरण, पायलों ने गढ़े
साम-गीतों के आरोह-अवरोह में
मौन के चुम्बनी-सूक्त हमने पढ़े

सौंप कर उन अँधेरों को सब प्रश्न हम
इक अनोखी दिवाली मनाते रहे
देह की उर्मियाँ बन गयीं भागवत्
हम समर्पण भरे अर्थ पाते रहे।

ये वही पुरानी राहें हैं

चेहरे पर चंचल लट उलझीं, आँखों में सपन सुहाने हैं
ये वही पुरानी राहें हैं, ये दिन भी वही पुराने हैं

कुछ तुम भूली, कुछ मैं भूला, मंज़िल फिर से आसान हुई
हम मिले अचानक जैसे फिर, पहली-पहली पहचान हुई
आँखों ने पुनः पढ़ी आँखें, ना शिकवे हैं ना ताने हैं
चेहरे पर चंचल लट उलझीं, आँखों में सपन सुहाने हैं

तुमने शाने पर सर रखकर, जब देखा फिर से एक बार
जुड़ गया पुरानी वीणा का, जो टूट गया था एक तार
फिर वही साज धड़कन वाला, फिर वही मिलन के गाने हैं
चेहरे पर चंचल लट उलझीं, आँखों में सपन सुहाने हैं

आओ, हम दोनों की साँसों का, एक वही आधार रहे
सपने, उम्मीदें, प्यास मिटे, बस प्यार रहे, बस प्यार रहे
बस प्यार अमर है दुनिया में, सब रिश्ते आने-जाने हैं
चेहरे पर चंचल लट उलझीं, आँखों में सपन सुहाने हैं

लड़कियाँ

पल भर में जीवन महकायें
पल भर में संसार जलायें
कभी धूप हैं, कभी छाँव हैं
बर्फ़ कभी अंगार
लड़कियाँ जैसे पहला प्यार...

बचपन के जाते ही इनकी
गन्ध बसे तन-मन में
एक कहानी लिख जाती हैं
ये सबके जीवन में
बचपन की ये विदा-निशानी
यौवन का उपहार
लड़कियाँ जैसे पहला प्यार...

इनके निर्णय बड़े अजब हैं
बड़ी अजब हैं बातें
दिन की क़ीमत पर,
गिरवी रख लेती हैं ये रातें
हँसते-गाते कर जाती हैं
आँसू का व्यापार
लड़कियाँ जैसे पहला प्यार...

जाने कैसे, कब कर बैठें
जान-बूझकर भूलें
किसे प्यास से व्याकुल कर दें
किसे अधर से छू लें
किसका जीवन मरुथल कर दें
किसका मस्त बहार
लड़कियाँ जैसे पहला प्यार

इसकी ख़ातिर भूखी-प्यासी
दहें रात भर जागें
उसकी पूजा को ठुकरायें
छाया से भी भागे
इसके सम्मुख छुई-मुई हैं
उसको हैं तलवार
लड़कियाँ जैसे पहला प्यार

राजा के सपने मन में हैं
और फ़क़ीरों संग हैं
जीवन औरों के हाथों में
खिंची लकीरों संग हैं
सपनों-सी जगमग-जगमग हैं
क़िस्मत-सी लाचार
लड़कियाँ जैसे पहला प्यार

होली

आज होलिका के अवसर पर, जागे भाग गुलाल के
जिसने मृदु-चुम्बन ले डाले, हर गोरी के गाल के

आज रंगो तन-मन अन्तरपट, आज रंगो धरती सारी
सागर का जल लेकर रंग दो, कश्मीर-केसर-क्यारी
आज न हों मज़हब के झगड़े, हों न विवादित गुरुवाणी
आज वही स्वर गूँजे जिसमें, रंग भरा हो रसख़ानी
रंग नहीं उपहार जानिये, ऋतुपति की ससुराल के
आज होलिका के अवसर पर, जागे भाग गुलाल के
जिसने मृदु-चुम्बन ले डाले, हर गोरी के गाल के।

आज स्वर्ग से इन्द्रदेव ने, रंग बिखेरा है इतना
गीता में श्रद्धा जितनी और, प्यार तिरंगे से जितना
इसी रंग को मन में धारे, फाँसी चढ़ कोई बोला
देश-धर्म पर मर मिटने को, रंगो बसन्ती फिर चोला
आशा का स्वर्णिम रंग डालो, काले तन पर काल के
आज होलिका के अवसर पर, जागे भाग गुलाल के
जिसने मृदु-चुम्बन ले डाले, हर गोरी के गाल के।

कृष्ण मिले राधा से ज्यों ही, रंग उड़ाती अलियों में
समय स्वयं भी ठहर गया तब, गोकुल वाली गलियों में
वस्त्रों की सीमाएँ टूटीं, हाथों को आकाश मिला

गोरे तन को श्यामल तन से, इक मादक विश्वास मिला
हर गंगा-जमुना से लिपटे, लम्बे वृक्ष तमाल के
आज होलिका के अवसर पर, जागे भाग गुलाल के
जिसने मृदु-चुम्बन ले डाले, हर गोरी के गाल के।

ओ मेरे पहले प्यार!

ओ प्रीत भरे, संगीत भरे!
ओ मेरे पहले प्यार!
मुझे तू याद नं आया कर।
ओ शक्ति भरे, अनुरक्ति भरे!
नस-नस के पहले ज्वार!
मुझे तू याद न आया कर।

पावस की प्रथम फुहारों से
जिसने मुझको कुछ बोल दिये
मेरे आँसू, मुस्कानों की
क़ीमत पर जिसने तोल दिये
जिसने अहसास दिया मुझको
मैं अम्बर तक उठ सकता हूँ
जिसने ख़ुद को बाँधा लेकिन
मेरे सब बन्धन खोल दिये।

ओ अनजाने आकर्षण से!
ओ पावन मधुर समर्पण से!
मेरे गीतों के सार!
मुझे तू याद न आया कर।
ओ मेरे पहले प्यार!
मुझे तू याद न आया कर।

मुझको ये पता चला मधुरे!
तू भी पागल बन रोती है
जो पीर मेरे अन्तर में है
तेरे मन में भी होती है
लेकिन इन बातों से किंचित भी
अपना धैर्य नहीं खोना
मेरे मन की सीपी में अब तक
तेरे मन का मोती है

ओ सहज सरल पलकों वाले!
ओ कुंचित घन अलकों वाले।
हँसते-गाते स्वीकार!
मुझे तू याद न आया कर।
ओ मेरे पहले प्यार!
मुझे तू याद न आया कर।

कुछ पल बाद बिछुड़ जाओगे

कुछ पल बाद बिछुड़ जाओगे मीत मेरे!
किन्तु तुम्हारे साथ रहेंगे गीत मेरे

तुम परिभाषाओं से आगे का, आधार बनाते चलना
तुम साहस से सपनों का, सुन्दर संसार बनाते चलना
जीवन की सारी कटुता को, केवल प्यार बनाते चलना
तुम जीवन को, गंगाजल की पावन-धार बनाते चलना
स्वयं उदाहरण बन जाना मनमीत मेरे
किन्तु तुम्हारे साथ रहेंगे गीत मेरे!

वो जो पल, संग-संग गुज़रे थे, वो सब पल, मधुमास हो गये
हँसने, खिलने, मिलने के सब, घटनाक्रम इतिहास हो गये
जीवन भर सालेंगी अब जो, ऐसी मीठी-प्यास हो गये
हमसे इतने दूर हो गये, किसके इतने पास हो गये
तुम बिन सपने हैं सारे भयभीत मेरे
किन्तु तुम्हारे साथ रहेंगे गीत मेरे!

तुम गये

तुम गये तुम्हारे साथ गया,
अल्हड़-अन्तर का भोलापन।
कच्चे-सपनों की नींद और,
आँखों का सहज सलोनापन।
तुम गये तुम्हारे साथ गया...

जीवन की कोरों से दहकीं
यौवन की अग्नि-शिखाओं में,
तुम अगन रहे, मैं मगन रहा,
घर-बाहर की बाधाओं में
जो रूप-रूप भटकी होगी,
वह पावन-आस तुम्हारी थी।
जो बूँद-बूँद तरसी होगी,
वह आदिम-प्यास तुम्हारी थी।
तुम तो मेरी सारी प्यासें
पनघट तक लाकर लौट गये,
अब निपट-अकेलेपन पर हँस देता
निर्मम-जल का दर्पण।
तुम गये तुम्हारे साथ गया...

यश-वैभव के ये ठाठ-बाट,
अब सभी झमेले लगते हैं
पथ कितना भी हो भीड़ भरा

दो पाँव अकेले लगते हैं
हल करते-करते उलझ गया,
भोली-सी एक पहेली को,
चुपचाप देखता रहता हूँ,
सोने से मँढ़ी हथेली को।
जितना रोता तुम छोड़ गये,
उससे ज़्यादा हँसता हूँ अब
पर इन्हीं ठहाकों की गूँजों में
बज उठता है ख़ालीपन।

तुम गये तुम्हारे साथ गया,
अल्हड़-अन्तर का भोलापन।
कच्चे सपनों की नींद और,
आँखों का सहज सलोनापन।
तुम गये तुम्हारे साथ गया...

तुम बिन

तुम बिन कितने आज अकेले,
क्या हम तुमको बतलायें?
अम्बर में है चाँद अकेला,
तारे उसके साथ तो हैं,
तारे भी छुप जायें अगर तो,
साथ अँधेरी रात तो है,
पर हम तो दिन-रात अकेले
क्या हम तुमको बतलायें?

जिन राहों पर हम-तुम संग थे,
वो राहें ये पूछ रही हैं
कितनी तन्हा बीत चुकी हैं,
कितनी तन्हा और रही हैं
दिल दो हैं, जज़्बात अकेले,
क्या हम तुमको बतलायें?

वो लम्हे क्या याद हैं तुमको
जिनमें तुम-हम हमजोली थे,
महका-महका घर-आँगन था
रात दिवाली, दिन होली थी
अब हैं, सब त्योहार अकेले,
क्या हम तुमको बतलायें?

कितने दिन बीत गये

कितने दिन बीत गये,
देह-की नदी में
नहाये हुए
सपने की फिसलन के डर जैसा,
दीप बुझी देहरी के घर जैसा,
जलती लौ नेह चुके दीपक-सा,
दिन डूबा वंशी के स्वर जैसा,

कितने सुर रीत गये,
अन्तर का गीत कोई
गाये हुए
कितने दिन बीत गये।

कुछ ऐसा पाना जो जग छूटे,
मन्थन वो जिससे झरना फूटे,
बिन बाँधे बँधने का वो कौशल,
जो बाँधे तो हर बन्धन टूटे,
कितने सुख जीत गये,
पोर-पोर पीड़ा
कमाये हुए
कितने दिन बीत गये।

पंछी ने खोल दिये पर

पंछी ने खोल दिये पर
अब चाहे लीले अम्बर...

कितने तूफ़ानों की संजीवनी सिमटी है
इन छोटे-छोटे दो पंखों की आड़ में
चन्दा की आँखों में सूरज के सपने हैं
मनवा का हिरना ज्यों क़िस्मत की बाड़ में
मारग में सिरजा है घर
अब चाहे लीले अम्बर...

प्रहरों अन्धे तम का अनाचार सहकर जब
कलरव जागा तो सब भ्रम-भय भी भाग गया
जब निर्वाणी-तिथि निश्चित है उषा में तो
अरुण-शिखा का विस्मृत-पौरुष भी जाग गया
मुक्त हुआ अन्तर से डर
अब चाहे लीले अम्बर...

फिर बसन्त आना है

तूफ़ानी लहरें हों,
अम्बर के पहरे हों,
पुरवा के दामन पर दाग़ बहुत गहरे हों,
सागर के माँझी मत मन को तू हारना,
जीवन के क्रम में जो खोया है पाना है
पतझर का मतलब है
फिर बसन्त आना है।

राजवंश रूठे तो!
राजमुकुट टूटे तो!
सीतापति राघव से राजमहल छूटे तो
आशा मत हार,
पार सागर के एक बार,
पत्थर में प्राण फूँक सेतु फिर बनाना है
अँधियारे के आगे, दीप फिर जलाना है।
पतझर का मतलब है
फिर बसन्त आना है।

घर-भर चाहे छोड़े,
सूरज भी मुँह मोड़े!
विदुर रहें मौन, छिनें राज्य, स्वर्ण रथ, घोड़े
माँ का बस प्यार, सार गीता का साथ रहे,

पंचतत्त्व सौ पर हैं भारी बतलाना है।
जीवन का राजसूय यज्ञ फिर कराना है।
पतझर का मतलब है
फिर बसन्त आना है।

इतनी रंग-बिरंगी दुनिया

इतनी रंग-बिरंगी दुनिया, दो आँखों में कैसे आये,
हमसे पूछो इतने अनुभव, एक कण्ठ से कैसे गाये।

ऐसे उजले लोग मिले जो, अन्दर से बेहद काले थे,
ऐसे चतुर मिले जो, मन से सहज-सरल भोले-भाले थे।
ऐसे धनी मिले जो, कंगालों से भी ज़्यादा रीते थे,
ऐसे मिले फ़क़ीर, जो सोने के घट में पानी पीते थे।
मिले परायेपन से अपने, अपनेपन से मिले पराये,
हमसे पूछो इतने अनुभव, एक कण्ठ से कैसे गाये।
इतनी रंग-बिरंगी दुनिया, दो आँखों में कैसे आये,

जिनको जगत-विजेता समझा, मन के द्वारे हारे निकले,
जो हारे-हारे लगते थे, अन्दर से ध्रुव-तारे निकले,
जिनको पतवारें सौंपी थीं, वे भँवरों के सूदखोर थे,
जिनको भँवर समझ डरता था, आख़िर वही किनारे निकले।
वे मंज़िल तक क्या पहुँचेंगे, जिनको ख़ुद रस्ता भटकाये।
हमसे पूछो इतने अनुभव, एक कण्ठ से कैसे गाये।
इतनी रंग-बिरंगी दुनिया, दो आँखों में कैसे आये।

सूरज पर प्रतिबन्ध अनेकों

सूरज पर प्रतिबन्ध अनेकों, और भरोसा रातों पर
नयन हमारे सीख रहे हैं, हँसना झूठी बातों पर

हमने जीवन की चौसर पर
दाँव लगाये आँसू वाले
कुछ लोगों ने हर पल, हर छिन
मौक़े देखे बदले पाले
हम शंकित सच पर अपने, वे मुग्ध स्वयं की घातों पर
नयन हमारे सीख रहे हैं, हँसना झूठी बातों पर

हम तक आकर लौट गयी हैं
मौसम की बेशर्म-कृपाएँ
हमने सेहरे के संग बाँधी
अपनी सब मासूम ख़ताएँ
हमने कभी न रखा स्वयं को, अवसर के अनुपातों पर
नयन हमारे सीख रहे हैं, हँसना झूठी बातों पर

पिता की याद

फिर पुराने नीम के नीचे खड़ा हूँ
फिर पिता की याद आयी है मुझे

नीम-सी यादें हृदय में चुप समेटे
चारपाई डाल, आँगन बीच लेटे
सोचते हैं हित, सदा उनके घरों का
दूर हैं जो एक बेटी, चार बेटे

फिर कोई रख हाथ काँधे पर
कहीं यह पूछता है
"क्यूँ अकेला हूँ भरी इस भीड़ में"
मैं रो पड़ा हूँ

फिर पिता की याद आयी है मुझे
फिर पुराने नीम के नीचे खड़ा हूँ

पीर का सन्देशा आया

पीर का सन्देशा आया आँसू के गीत लिखो री।
गीतों को दे मधुरिम स्वर अधरों से प्रीत लिखो री।

हर पल की आँधी को, आँचल में बाँधे हो
आँसू की धारा को, पलकों में साधे हो
मुख पर पीलापन हो, तन का उजड़ा वन हो
सन्ध्या की वेला में, उन्मन-उन्मन मन हो
पीड़ा पहुँचाये जो, औषधि पीड़ा हर री!
तब भी मत आना तुम, ड्योढ़ी से बाहर री।
रच लेना शब्द चार
आँसू रो-रोकर तुम संयम की रीत लिखो री!
पीर का सन्देशा आया आँसू के गीत लिखो री।

जब भी वो अलबेला, गुज़रे गलियारे से
दो चंचल से नयना, रोके मतवारे से
तो अलबेला प्रीतम खींचे जो बाँहों में
अधरों को अधरों पर, रख दे जो आहों में
वो पल ना छिन जाये, गोरी शरमाना मत
उस पल को जीने में, बिल्कुल घबराना मत
जीकर उस पल को
तुम पूरी मर्यादा से यौवन की प्रीत लिखो री।
पीर का सन्देशा आया आँसू के गीत लिखो री।

मैं तुम्हें अधिकार दूँगा

मैं तुम्हें अधिकार दूँगा
एक अनसूँघे सुमन की गन्ध-सा
मैं अपरिमित प्यार दूँगा

सत्य मेरे जानने का,
गीत अपने मानने का
कुछ सजल भ्रम पालने का
मैं सबल आधार दूँगा
मैं तुम्हें अधिकार दूँगा

ईश को देती चुनौती,
वारती शत स्वर्ण-मोती
अर्चना की शुभ्र ज्योति
मैं तुम्हीं पर वार दूँगा
मैं तुम्हें अधिकार दूँगा

तुम कि ज्यों भागीरथी जल,
सार जीवन का कोई पल
क्षीर-सागर का कमल दल
क्या अनघ उपहार दूँगा
मैं तुम्हें अधिकार दूँगा।

मुझको जीना होगा

सम्बन्धों को, अनुबन्धों को परिभाषाएँ देनी होंगी
होंठों के संग-संग नयनों को कुछ भाषाएँ देनी होंगी

हर विवश आँख के आँसू को
यूँ ही हँस-हँस पीना होगा
मैं कवि हूँ, जब तक पीड़ा है
तब तक मुझको जीना होगा

मनमोहन के आकर्षण में भूली-भटकी राधाओं की
हर अभिशापित वैदेही को पथ में मिलती बाधाओं की
दे प्राण, देह का मोह छुड़ाने वाली, हाड़ा रानी की
मीराओं की आँखों से झरते गंगा-जल से पानी की
मुझको ही कथा सँजोनी है, मुझको ही व्यथा पिरोनी है

स्मृतियाँ घाव भले ही दें,
मुझको उनको सीना होगा
मैं कवि हूँ जब तक पीड़ा है
तब तक मुझको जीना होगा

जो सूरज को पिघलाती हैं, व्याकुल उन साँसों को देखूँ
या सतरंगी परिधानों पर, मिटती इन प्यासों को देखूँ
देखूँ आँसू की क़ीमत पर, मुस्कानों के सौदे होते
या फूलों के हित, औरों के पथ में देखूँ काँटे बोते
इन द्रौपदियों के चीरों से, हर क्रौंच-वधिक के तीरों से

सारा जग बच जायेगा पर
छलनी मेरा सीना होगा
मैं कवि हूँ जब तक पीड़ा है
तब तक मुझको जीना होगा

कलरव ने सूनापन सौंपा, मुझको अभाव से भाव मिले
पीड़ाओं से मुस्कान मिली, हँसते फूलों से घाव मिले
सरिताओं की मन्थर-गति में, मैंने आशा का गीत सुना
शैलों पर झरते मेघों में, मैंने जीवन-संगीत सुना
पीड़ा की इस मधुशाला में, आँसू की खारी-हाला में

तन-मन जो आज डुबो देना
वह ही युग का मीना होगा
मैं कवि हूँ जब तक पीड़ा है
तब तक मुझको जीना होगा।

तन-मन महका

तन-मन महका, जीवन महका
महक उठे घर-द्वारे
जब-जब सजना,
मोरे अँगना, आये साँझ-सकारे...

खिली रूप की धूप
चटक गयीं कलियाँ, धरती डोली
मस्त पवन से लिपट के पुरवा, हौले-हौले बोली
"छीन के मेरी, लाज की चुनरी, टाँके नये सितारे"
जब-जब सजना, मोरे अँगना, आये साँझ-सकारे...

सजना के अँगना तक पहुँचे
बातें जब कंगना की
धरती तरसे, बादर बरसे, मिटे प्यास मधुबन की
होंठों की चोटों से जागे, तन के सुप्त नगारे।
जब-जब सजना,
मोरे अँगना, आये साँझ-सकारे...

नदिया का सागर से मिलने
धीरे-धीरे बढ़ना
पर्वत के आखर घाटी, वाली आँखों से पढ़ना
सागर-सी बाँहों में आकर, टूटे सभी किनारे
जब-जब सजना,
मोरे अँगना आये साँझ-सकारे...

प्यार माँग लेना

यदि स्नेह जाग जाये, अधिकार माँग लेना
मन को उचित लगे तो, तुम प्यार माँग लेना

दो पल मिले हैं तुमको, यूँ ही न बीत जायें
कुछ यूँ करो कि धड़कन, आँसू के गीत गायें
जो मन को हार देगा, उसकी ही जीत होगी
अक्षर बनेंगे गीता, हर लय में प्रीत होगी
बहुमूल्य है व्यथा का, उपहार माँग लेना
यदि स्नेह जाग जाये, अधिकार माँग लेना

जीवन का वस्त्र बुनना, सुख-दुःख के तार लेकर
कुछ शूल और हँसते, कुछ हरसिंगार लेकर
दुःख की नदी बड़ी है, हिम्मत न हार जाना
आशा की नाव पर चढ़, हँसकर ही पार जाना
तुम भी किसी से स्वप्निल, संसार माँग लेना
यदि स्नेह जाग जाये, अधिकार माँग लेना।

आना तुम

आना तुम!
आना तुम मेरे घर
अधरों पर हास लिए
तन, मन की धरती पर
झर-झर-झर-झर-झरना
साँसों में, प्रश्नों का, आकुल आकाश लिए

तुमको पथ में कुछ मर्यादाएँ रोकेंगी
जानी-अनजानी सी बाधाएँ रोकेंगी
लेकिन तुम चन्दन-सी, सुरभित कस्तूरी-सी
पावस की रिमझिम-सी, मादक मजबूरी-सी

सारी बाधाएँ तज, बलखाती नदिया बन
मेरे तट आना इक
भीगा उल्लास लिए
आना तुम मेरे घर
अधरों पर हास लिए

जब तुम आओगी तो, घर-आँगन नाचेगा
अनुबन्धित तन होगा, लेकिन मन नाचेगा
माँ के आशीषों-सी, भाभी की बिंदिया-सी
बापू के चरणों-सी, बहना की निंदिया-सी

कोमल-कोमल, श्यामल-श्यामल,
अरुणिम-अरुणिम
पायल की ध्वनियों में
गुंजित मधुमास लिए
आना तुम मेरे घर
अधरों पर हास लिए

आज तुम मिल गये

आज हल हो गये प्रश्न मेरे सभी
अब अँधेरों में दीपक जलेंगे प्रिये!
आज तुम मिल गये तो जहाँ मिल गया
अब सितारों से आगे चलेंगे प्रिये!

आज तक रोज़ चलता रहा, ज़िन्दगी
का सफ़र, पर मेरे पाँव चल ना सके
आज तक थे तराने हृदय में बहुत
गीत बन कण्ठ में किन्तु ढल ना सके
आज तुम पास हो, हैं किनारे बहुत
गीत में भाव से हम ढलेंगे प्रिये!

आज अहसास की बाँसुरी पर मुझे
तुम मिलन-गीत कोई सुनाओ ज़रा
ये अमा-कालिमा धुल सकेगी शुभे!
पास आकर मेरे मुस्कुराओ ज़रा
प्रेम के ताप से मौन के हिम-शिखर
देखना शीघ्र ही अब गलेंगे प्रिये!

देहरी पर धरा दीप

देहरी पर धरा दीप कहता है अब
एक आहट को घर साथ ले आइये
मन-शिवाले में जो गूँजती ही रहे
गुनगुनाहट को घर साथ ले आइये

कोई हो जो बुहारे मेरा द्वार भी
कोई आँगन की तुलसी को पानी तो दे
शर्ट के टाँक कर सारे टूटे बटन
साँस की मेहँदियों की निशानी तो दे
बस-यही, बस-यही, बस-यही, बस-यही
इस 'त्रिया-हठ' को घर साथ ले आइये

कोई रोके मुझे, कोई टोके मुझे
ताकि रातों में ख़ुद को मिटा ना सकूँ
कोई हो, जिसकी आँखों के आगे कभी
कुछ कहीं भी, किसी से छुपा ना सकूँ
श्रान्ति दे क्लान्ति को, जो नयन-नीर से
उस नदी-तट को घर साथ ले आइये।

तुमने जाने क्या पिला दिया

कैसे भूलूँ वह एक रात, तन हरसिंगार मन पारिजात,
छुअनें, सिहरन, पुलकन, कम्पन,
अधरों से अन्तर हिला दिया,
तुमने जाने क्या पिला दिया।

तन की सारी खिड़कियाँ खोलकर मन आया अगवानी में,
चेतना और संयम भटके, मन की भोली नादानी में,
थीं तेज़ धार, लहरें अपार, भँवरें थीं कठिन मगर फिर भी,
डरते-डरते मैं उतर गया, नदिया के गहरे पानी में,
नदिया ने भी जोबन-जीवन,
जाकर सागर में मिला दिया,
तुमने जाने क्या पिला दिया।

जिन ज़ख़्मों की हो दवा सुलभ, उनके रिसते रहने से क्या,
जो बोझ बने जीवन-दर्शन, उसमें पिसते रहने से क्या।
हो सिंहद्वार पर अन्धकार, तो जगमग महल किसे दीखे
तन पर कोई जम जाये तो, मन को घिसते रहने से क्या।
मेरी भटकन पी गये स्वयं
मुझसे मुझको क्यों मिला दिया।
तुमने जाने क्या पिला दिया।

ये गीत तुझे कैसे दे दूँ

ये गीत तुझे कैसे दे दूँ
ये गीत हृदय की प्यास सखे!
ये गीत मेरी परिभाषा हैं
ये गीत मेरा इतिहास सखे!

ये गीत मेरे मन की ख़ुशबू
ये गीत तेरे तन का चन्दन
तू राधा-सी, मैं कान्हा-सा
ये गीत हैं जैसे वृन्दावन
जो एक दिवस पूरा होगा
ये गीत वही, विश्वास सखे!

ये गीत मेरी परिभाषा हैं
ये गीत मेरा इतिहास सखे!

ये गीत बसन्ती फागुन से
ये गीत मचलते सावन से
ये गीत विरह वर्षा ऋतु है
ये गीत मिलन, मधुमास सखे!

ये गीत मेरी परिभाषा हैं
ये गीत मेरा इतिहास सखे!

ये गीत बिकाऊ माल नहीं
ये गीत हृदय की निधियाँ हैं
ये गीत अधूरे सपने हैं
ये गीत पुरानी सुधियाँ हैं
ये गीत मेरी धरती माँ हैं
ये गीत मेरा आकाश सखे!

ये गीत मेरी परिभाषा हैं
ये गीत मेरा इतिहास सखे!

ये गीत तुझे कैसे दे दूँ
ये गीत हृदय की प्यास सखे!
ये गीत मेरी परिभाषा हैं
ये गीत मेरा इतिहास सखे!

तुम बिना मैं

तुम बिना मैं स्वर्ग का भी सार लेकर क्या करूँ
शर्त का, अनुशासनों का प्यार लेकर क्या करूँ

जब नहीं थे तुम, तो जाने मैं कहाँ खोया हुआ था
स्वयं से अनजान, कैसी नींद में सोया हुआ था
नींद से मुझको जगाकर, तुमने तब अपना बनाया
दो दिलों की धड़कनों ने, एक सुर में गीत गाया
जो अमर उस राग की, मधु-लहरियों में खो गयी थी
फिर वही अविरल, नयन जलधार लेकर क्या करूँ
तुम बिना मैं स्वर्ग का भी सार लेकर क्या करूँ
शर्त का, अनुशासनों का प्यार लेकर क्या करूँ

तालियों का शोर मत दो, ये सभी नग़मात ले लो
रोशनी में झिलमिलाती, मद भरी हर रात ले लो
छीन लो, मेरे अधर से, रूप के दोनों किनारे
पर मुझे फिर, नेह से छू लें नयन पावन तुम्हारे
मैं उन्हीं को दूर से बस देखकर गाता रहूँगा
अन्यथा स्वर का अमर-उपहार लेकर क्या करूँ
शर्त का, अनुशासनों का प्यार लेकर क्या करूँ
तुम बिना मैं स्वर्ग का भी सार लेकर क्या करूँ
शर्त का, अनुशासनों का प्यार लेकर क्या करूँ।

हार गया तन-मन

हार गया तन-मन पुकार कर तुम्हें
कितने एकाकी हैं प्यार कर तुम्हें

जिस पल हल्दी लेपी होगी तन पर माँ ने
जिस पल सखियों ने सौंपी होंगी सौगातें
ढोलक की थापों में, घुँघरू की रुनझुन में
घुल कर फैली होंगी घर में प्यारी बातें

उस पल मीठी-सी धुन
घर के आँगन में सुन
रोये मन-चौसर पर हार कर तुम्हें
कितने एकाकी हैं प्यार कर तुम्हें

कल तक जो हमको-तुमको मिलवा देती थीं
उन सखियों के प्रश्नों ने टोका तो होगा
साजन की अंजुरी पर, अंजुरी काँपी होगी
मेरी सुधियों ने रस्ता रोका तो होगा

उस पल सोचा मन में
आगे अब जीवन में
जी लेंगे हँसकर, बिसार कर तुम्हें
कितने एकाकी हैं प्यार कर तुम्हें

कल तक जिन गीतों को तुम अपना कहती थीं
अख़बारों में पढ़कर कैसा लगता होगा
सावन की रातों में, साजन की बाँहों में
तन तो सोता होगा पर मन जगता होगा

उस पल के जीने में
आँसू पी लेने में
मरते हैं, मन ही मन, मार कर तुम्हें
कितने एकाकी हैं प्यार कर तुम्हें

हार गया तन-मन पुकार कर तुम्हें
कितने एकाकी हैं प्यार कर तुम्हें

राई से दिन बीत रहे हैं

तुम आयीं चुप खोल साँकलें
मन के मुँदे किवार से
राई से दिन बीत रहे हैं
जो थे कभी पहाड़ से

तुमने धरा, धरा पर ज्यों ही पाँव
समर्पण जाग गया
बिंदिया के सूरज से मन पर घिरा
कुहासा भाग गया
इन अधरों की कलियों से जो फूटा
जग में फैल गया
इसी राग का अनुगामी होकर
मेरा अनुराग गया

तुम आयीं चुप फूल बटोरे
मन के हरसिंगार के
राई से दिन बीत रहे हैं
जो थे कभी पहाड़ से

तुम स्वयं को सजाती रहो

तुम स्वयं को सजाती रहो रात-दिन
रात-दिन मैं स्वयं को जलाता रहूँ
तुम मुझे देखकर, मुड़ के चलती रहो
मैं विरह में मधुर गीत गाता रहूँ

मैं ज़माने की ठोकर ही खाता रहूँ
तुम ज़माने को ठोकर लगाती रहो
ज़िन्दगी के कमल पर गिरूँ ओस-सा
रोष की धूप बन तुम सुखाती रहो

कण्टकों की सजाती रहो राह तुम
मैं उसी राह पर रोज़ जाता रहूँ
तुम स्वयं को सजाती रहो रात-दिन
रात-दिन मैं स्वयं को जलाता रहूँ

मानता हूँ प्रिये तुम मुझे ना मिलीं
और व्याकुल विरह-भार मुझको दिया
लाख तोड़ा हृदय, शब्द-आघात से
पर अमर गीत-उपहार मुझको दिया

तुम यूँ ही मुझको, पल-पल में तोड़ा करो
मैं बिखर कर तराने बनाता रहूँ
तुम स्वयं को सजाती रहो रात-दिन
रात-दिन मैं स्वयं को जलाता रहूँ

तुम जहाँ भी रहो खिलखिलाती रहो
मैं जहाँ भी रहूँ बस सिसकता रहूँ
तुम नयी मंज़िलों की तरफ़ बढ़ चलो
मैं क़दम-दो-क़दम चल के थकता रहूँ

तुम सँभलती रहो मैं बहकता रहूँ
दर्द की ही ग़ज़ल गुनगुनाता रहूँ
तुम स्वयं को सजाती रहो रात-दिन
रात-दिन मैं स्वयं को जलाता रहूँ।

कैसे ऋतु बीतेगी

कैसे ऋतु बीतेगी अपने अलगाव की
साँसों के पृष्ठों पर, आँसू के रंगों से
कैसे तस्वीरें बन पायेंगी चाव की।

मरुथल-सा प्यास हर पल-सा बीता-बीता
कब तक हम भोगेंगे जीवन रीता-रीता
धरती के उत्सव में, चन्दा में, तारों में
गीतों में, ग़ज़लों में, रागों-मल्हारों में
गूँजेगी कब तक धुन बिछुरने के भाव की
कैसे ऋतु बीतेगी अपने अलगाव की

कब फिर पनघट से पायल की धुन आयेंगी
कब फिर साजन का सन्देशा ऋतु लायेंगी
कैसे पतझर बीते, जीवन के सावन में
तन की सुर-सरिता में, मनवा के आँगन में
उतरेंगी किन्नरियाँ सपनों के गाँव की
कैसे ऋतु बीतेगी अपने अलगाव की

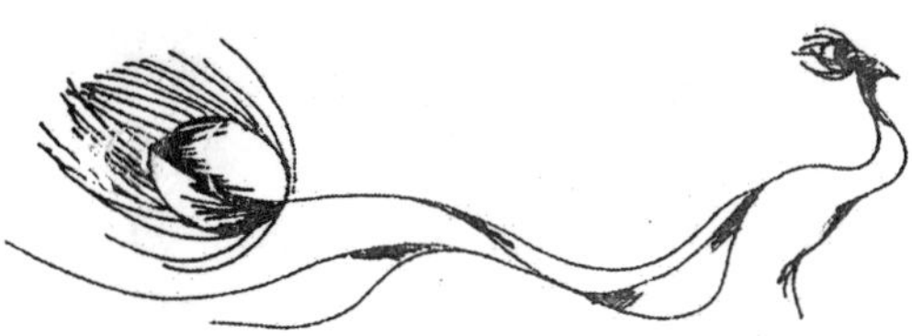

रात भर तो जलो

मैं तुम्हारे लिए, ज़िन्दगी भर दहा
तुम भी मेरे लिए रात भर तो जलो
मैं तुम्हारे लिए, उम्र भर तक चला
तुम भी मेरे लिए सात पग तो चलो

दीपकों की तरह रोज़ जब मैं जला
तब तुम्हारे भवन में दिवाली हुई
जगमगाता, तुम्हारे लिए रथ बना
किन्तु मेरी हर एक रात काली हुई

मैंने तुमको नयन-नीर सागर दिया
तुम भी मेरे लिए अँजुरी भर तो दो
मैं तुम्हारे लिए ज़िन्दगी भर दहा
तुम भी मेरे लिए रात भर तो जलो

जब भी मौसम ने बाँटीं बहारें, तुम्हें
फूल सौंपे, मुझे शूल-शंकित किया
प्रीत की रीत की, लांछना जब बँटी
तुम अलग हो गये, मैं ही पंकित किया

मैंने हर गीत गाया, तुम्हारे लिए
तुम भी मेरे लिए क्षीण-सा स्वर तो दो
मैं तुम्हारे लिए ज़िन्दगी भर दहा
तुम भी मेरे लिए रात भर तो जलो

कोई अल्हड़ हवा जब चली झूमती
मन को ऐसा लगा ज्यों तुम्हीं से मिला
जब भी तुम मिल गये, राह में मोड़ पर
मुझको मालूम हुआ, ज़िन्दगी से मिला

साथ आना न आना, ये तुम सोचना
किन्तु मेरे लिए वायदा कर तो दो
मैं तुम्हारे लिए ज़िन्दगी भर दहा
तुम भी मेरे लिए रात भर तो जलो।

स्मरण गीत

नेह के सन्दर्भ बौने हो गये होंगे मगर,
फिर भी तुम्हारे साथ मेरी भावनाएँ हैं,
शक्ति के संकल्प बोझिल हो गये होंगे मगर,
फिर भी तुम्हारे चरण मेरी कामनाएँ हैं।
हर तरफ़ है भीड़ ध्वनियाँ, और चेहरे हैं अनेकों,
तुम अकेले भी नहीं हो, मैं अकेला भी नहीं हूँ,
योजनों चलकर सहस्त्रों मार्ग आतंकित किये पर
जिस जगह बिछुड़े अभी तक तुम वहीं हो मैं वहीं हूँ।
गीत के स्वर-नाद थककर सो गये होंगे मगर
फिर भी तुम्हारे कण्ठ मेरी वेदनाएँ हैं। नेह के...

यह धरा कितनी बड़ी है, एक तुम क्या, एक मैं क्या,
दृष्टि का विस्तार है, यह अश्रु जो गिरने चला है,
राम से सीता अलग है, कृष्ण से राधा अलग है
नियति का हर न्याय सच्चा, हर कलेवर में कला है
वासना के प्रेत, पागल हो गये होंगे मगर
फिर भी तुम्हारे माथ मेरी वर्जनाएँ हैं। नेह के...

चल रहे हैं हम, पता क्या, कब, कहाँ कैसे मिलेंगे,
मार्ग का हर पग हमारी वास्तविकता बोलता है,

गति-नियति दोनों पता है, उस दीवाने के हृदय को
जो नयन में नीर लेकर, पीर गाता डोलता है।
मानसी मृग मरुथलों में, खो गये होंगे मगर,
फिर भी तुम्हारे हाथ मेरी योजनाएँ हैं। नेह के...

जाड़ों की गुनगुनी धूप तुम

जाड़ों की गुनगुनी धूप तुम
तन के आलोचक रोमों को
कालिदास की उपमा जैसी
ऋतु-मुखरा की कटि पर बजती
किरणों की करधनी धूप तुम
जाड़ों की गुनगुनी धूप तुम

सत्तो-फत्तो, रुमिया-धुमिया
होरी-गोबर, धनिया-झुनिया
सबके द्वारे ख़ुद ही आती
सबसे मिलती, सबको भाती

हर दिशि-गोपी के संग रास
रचा लेतीं मधुबनी धूप तुम
जाड़ों की गुनगुनी धूप तुम

तन्द्रा का आसव बिखेरती
गत सुधियों का माल फेरती
पशुओं को अपनापन देती
चिड़ियों को व्यापक मन देती

दिन की तिक्त कुटिल अविरतता
में, रसाल-रस सनी धूप तुम
जाड़ों की गुनगुनी धूप तुम

बिन गाये भी
तुमको गाया

इक पगली लड़की के बिन

मावस की काली रातों में दिल का दरवाज़ा खुलता है
जब दर्द की प्याली रातों में ग़म आँसू के संग घुलता है
जब पिछवाड़े के कमरे में हम निपट अकेले होते हैं
जब घड़ियाँ टिक-टिक चलती हैं सब सोते हैं हम रोते हैं
जब बार-बार दोहराने से सारी यादें चुक जाती हैं
जब ऊँच-नीच समझाने में माथे की नस दुख जाती हैं
तब इक पगली लड़की के बिना जीना गद्दारी लगता है
पर उस पगली लड़की के बिना मरना भी भारी लगता है।

जब पोथे ख़ाली होते हैं जब हर्फ़ सवाली होते हैं
जब ग़ज़लें रास नहीं आतीं अफ़साने गाली होते हैं
जब बासी-फ़ीकी धूप समेटे दिन जल्दी ढल जाता है
जब सूरज का लश्कर छत से गलियों में देर से आता है
जब जल्दी घर जाने की इच्छा मन ही मन घुट जाती है
जब दफ़्तर से घर लाने वाली पहली बस छूट जाती है
जब लाख मना करने पर भी पारो पढ़ने आ जाती है
जब अपना मनचाहा हर काम कोई लाचारी लगता है
तब इक पगली लड़की के बिन जीना गद्दारी लगता है
पर उस पगली लड़की के बिन मरना भी भारी लगता है

जब कमरे में सन्नाटे की आवाज़ सुनाई देती है
जब दर्पण में चेहरे के नीचे झाँई दिखाई देती है

जब बड़की भाभी कहती है कुछ सेहत का भी ध्यान करो
क्या लिखते हो लल्ला दिन भर, कुछ सपनों का सम्मान करो
जब बाबा वाली बैठक में कुछ रिश्ते वाले आते हैं
जब बाबा हमें बुलाते हैं हम जाते हैं घबराते हैं
जब साड़ी पहने लड़की का इक फ़ोटो लाया जाता है
जब भाभी हमें मनाती है फ़ोटो दिखलाया जाता है
जब सारे घर का समझाना हमको फ़नकारी लगता है
तब इक पागल लड़की के बिना जीना गद्दारी लगता है
पर उस पागल लड़की के बिना मरना भी भारी लगता है।

जब दूर-दराज इलाक़ों से ख़त लिखकर लोग बुलाते हैं
जब हमको ग़ज़लों-गीतों का वो राजकुमार बताते हैं
जब हम ट्रेनों से जाते हैं जब लोग हमें ले जाते हैं
जब हम महफ़िल की शान बने इक प्रीत का गीत सुनाते हैं
कुछ आँखें धीरज खोती हैं, कुछ आँखें चुप-चुप रोती हैं
कुछ आँखें हम पर टिकी-टिकी गागर-सी ख़ाली होती हैं
जब सपने आँजे हुए लड़कियाँ पता माँगने आती हैं
जब नर्म हथेली से काग़ज़ पर ऑटोग्राफ़ कराती हैं
जब ये सारा उल्लास हमें ख़ुद से मक्कारी लगता है
तब इक पागल लड़की के बिना जीना गद्दारी लगता है
पर उस पागल लड़की के बिना मरना भी भारी लगता है।

दीदी कहती हैं 'उस पागल लड़की की कुछ औक़ात नहीं
उसके दिल में भैया तेरे जैसे प्यारे जज़्बात नहीं'
जो पगली लड़की मेरी ख़ातिर नौ दिन भूखी रहती है
चुप-चुप सारे व्रत रखती है पर मुझसे कभी न कहती है
जो पगली लड़की कहती है 'मैं प्यार तुम्हीं से करती हूँ'
लेकिन मैं हूँ मजबूर बहुत, अम्मा-बाबा से डरती हूँ

उस पगली लड़की पर अपना कुछ भी अधिकार नहीं बाबा
ये कथा-कहानी-क़िस्से हैं कुछ भी तो सार नहीं बाबा
बस उस पगली लड़की के संग हँसना फुलवारी लगता है
तब इक पगली लड़की के बिन जीना गद्दारी लगता है
पर उस पगली लड़की के बिन मरना भी भारी लगता है।

क़िस्सा रूपारानी

रूपारानी बड़ी सयानी
मृगनैनी लौनी छवि वाली
मधुरिम-वचना भोली-भाली
भरी-भरी पर ख़ाली-ख़ाली
छोटे क़स्बे में रहती थी
जो गुनती थी सो कहती थी
दिन-भर घर के बासन मलती
रातों में दर्पण को छलती
यों तो सब कुछ ठीक-ठाक था
फिर भी वे उदास ही रहती
उनकी काजल आँजीं आँखें
सूनेपन की बातें कहतीं
जगने-उठने में, सोने में
कुछ हँसने में, कुछ रोने में

थोड़े-से दिन यूँ ही बीते
ख़ाली-ख़ाली रीते-रीते
तभी हमारे प्यारे कवि जी
तीन लोक से न्यारे कवि जी
उनके सपनों में आ छाये
उनको बहुत-बहुत ही भाये
यूँ तो लोगों की नज़रों में

कवि जी क़स्बे का कबाड़ थे
लेकिन उनके ऊपर-नीचे
कुछ सच्चे-झूठे जुगाड़ थे।
रोकर, हँसकर जी लेते थे
कभी-कभी अख़बारों में भी
उनका उगला छप जाता था
बरस दो बरस में टी.वी. पर
उनका चेहरा दिख जाता था
तब वे दुगने हो जाते थे
सबसे कहते बहुत व्यस्त हूँ
मरने तक की फुरसत कब है
भाग-दौड़ में बड़ा त्रस्त हूँ
ख़ैर! एक दिन हुआ वही जो
हमने सोचा सबने सोचा
रूपारानी को वे भाये
उनको रूपारानी भायीं
जैसे गंगा मैया इक दिन
ऋषिकेश से भू पर आयीं
धरती को आकाश मिल गया
पतझर को मधुमास मिल गया
पीड़ा ने निर्वासन पाया
आँसू को वनवास मिल गया
रूपारानी के अधरों पर
चन्दन वन महकाते कवि जी
कभी फैलते कभी सिमटते
देर रात घर आते कवि जी
सोते तो उनके सपनों में
रूपारानी जगती रहतीं
लाख छुपाते सबसे लेकिन
आँखें मन की बातें कहतीं

रूपारानी के मन में भी
पिघला लावा-सा बहता था
इन अनचाही पीड़ाओं को
तन-मन मोहित हो सहता था
लेकिन जैसे राम-कथा में
निर्वासन प्रसंग आ जाये
या फिर हँसते नील गगन में
श्यामल मेघों का दल छाये
उसी भाँति इस प्रेम-कथा में
अपराधिन बन आयी कविता
होंठों की स्मित-रेखा पर
धूम्र-रेख बन छायी कविता

जिस कविता की आविष्कृति से
डाकू विश्व-वन्द्य बन जाये
जिस कविता को रच कर तुलसी
लोकनायकों-सा पद पाये
जो कविता इस प्रेम-कथा का
पावनतम आधार बनी थी
वही आज कवि जी के सम्मुख
अपराधिन बन मौन खड़ी थी
उपमाएँ अनाथ बैठी थीं
वाह-वाह के स्वर झूठे थे
इस ससुरी कविता के कारण
प्रणय देवता तक रूठे थे

रूपारानी के घरवाले
हमसे कहते सबसे कहते
यह आवारा काम-धाम कुछ
करता तो हम चुप हो सहते

माना कविता बड़ी चीज़ है
यह कविता सब कुछ देती है
माना कविता सम्मोहक है
मन लेती है मन देती है
लेकिन इस कविता से आगे
तनकर प्रश्न खड़ा है भइया
मन की फिर भी भूख सहन है
लेकिन पेट बड़ा है भइया।
आख़िर इक दिन हुआ वही जो
पहले से होता आया है
हँसने वाला हँसने बैठा
रोया जो रोता आया है

किसी बैंक का बड़ी रैंक का
एक सुदर्शन दूल्हा आया
जैसे कोई बीमा वाला
गारंटिड ख़ुशियाँ घर लाया
शादी की इस धूमधाम में
अपने कवि जी बहुत व्यस्त थे
भीड़-भाड़ में एकाकी थे
अन्दर-अन्दर बहुत त्रस्त थे
कवि जी ने रोती रूपा का
सिर अपने हाथों से सहलाया
विदा हुई तो ख़ुद ही उसको
दूल्हे जी के पास बिठाया
तब से कवि जी के अन्तस में
पीड़ा जमकर रहती है जी
गीतों में आकर रूपा की
अमर-कथा ख़ुद कहती है जी

आप पूछते हैं यह क़िस्सा
कैसे, कब और कहाँ हुआ था
मुझको अब ख़ुद याद नहीं है
इसने मुझको कहाँ छुआ था
शायद जब से वाल्मीकि ने
पहली कविता लिखी तब से
या जब तुलसी रत्नावली के
द्वारे से लौटे थे तब से
यूँ ही सुना दिया ये क़िस्सा
इसमें कुछ फ़रियाद नहीं है
आगे की घटनाएँ सब कुछ
मालूम हैं, पर याद नहीं है
संघर्षों की जलती लौ में
कवि जी को सदियों जीना है
विष को पचा गये हैं चूँकि
जीवन का अमृत पीना है

मर गया राजा, मर गयी रानी
ख़त्म हुई यूँ प्रेम-कहानी
बाक़ी क़िस्से फिर सुन लेना
आयेंगी अनगिनत शाम जी
अच्छा जी अब चलता हूँ मैं
राम-राम जी, राम-राम जी।

मैं उसको भूल ही जाऊँगा

माँ को देखा कि वो बेबस-सी परेशान-सी है
अपने बेटे के छले जाने पे हैरान-सी है
वो बड़ी दूर चली आयी है मुझसे मिलने
मेरी उम्मीद की झोली का फटा मुँह सिलने

उसकी आँखों में पिता मुझको दीख जाते हैं
कभी उद्धव तो कभी नन्द नज़र आते हैं
वो निरी माँ की तरह प्यार से दुलराती है
ज़िन्दगी कितनी अहम चीज़ है बतलाती है

उसका डर है कि उसका चाँद-सा प्यारा बेटा
जिसके गीतों की चूनर ओढ़ के दुनिया नाचे
जिसके होठों की शरारत पे मुहब्बत है फ़िदा
जिसके शब्दों में सभी प्यार की गीता बाँचे

उसका वो राजकुँवर, ओस की बूँदों की तरह
दर्द की धूप में दुनिया से उड़ न जाये कहीं
शोहरत-ओ-प्यार की मंज़िल की तरफ़ बढ़ता हुआ
शौक़ से मौत की राहों पे मुड़ न जाये कहीं

उसको लगता है मेरा नर्म-सा नाज़ुक-सा जिगर
दूरियाँ सह नहीं पायेगा बिखर जायेगा
उसको मालूम नहीं आग में सीने की मेरी
मेरा शायर जो तपेगा तो निखर जायेगा

मुझको मालूम है दुनिया के लिए जीना है
इसलिए माँ मेरी हैरान-परेशान न हो
मेरी ख़ुशियाँ तू मुझे दे न सकीं, इसके लिए
बेवजह ख़ुद पे शर्मसार, पशेमान न हो

एक तू है, कि जिसे दर्द है दुनिया के लिए
एक वो है, कि जिसे ख़ुद पे कोई शर्म नहीं
एक तू है; कि जिसे ममता है पत्थर तक से
एक वो पत्थरे-दिल, दिल में कोई मर्म नहीं

मैं उसको भूल ही जाऊँगा वायदा है मेरा
मैं उसकी बात ज़ुबाँ पर न कभी लाऊँगा
मेरा हर ज़िक्र उसकी फ़िक्र से जुदा होगा
मैं उसका नाम किसी गीत में न गाऊँगा

मुझको मालूम है वादे की हक़ीक़त लेकिन
तेरा दिल रखने की ख़ातिर ये वायदा ही सही
मुझको वो प्यार की दुनिया ना मिली ना ही सही
ख़ुद को मैं पढ़ तो सका इतना फ़ायदा ही सही

मद्यंतिका (मेहँदी)

मैं जिस घर में रहता हूँ उसके पिछवाड़े
कुल चार साल की एक बालिका रहती है
जाने क्यों मेरी ही गर्दन से लिपट, झूल
वह मुझको सबसे प्यारा अंकल कहती है

है नाम जिसका मद्यंतिका या कि मेहँदी
सुनता हूँ उसने अपने पिता को नहीं देखा
उसकी जननी को त्याग कहीं बसते हैं वे
कितना कमज़ोर लिखा विधि ने उनका लेखा

धरती पर उसके आने की आहट सुनकर
बस दस दिन ही जननी उल्लास मना पायी
कुण्ठाओं की चौसर पर सिक्कों की बाज़ी
हारी, लेकर गर्भस्थ शिशु वापस आयी

अब एक नौकरी का बल और सम्बल उसका
बस ये ही दो आधार ज़िन्दगी जीने को
अमृता रूपा एक बेल सींचने की ख़ातिर
वह विवश समय का तीक्ष्ण हलाहल पीने को

वह कभी खेलती रहती है अपने घर पर
या कभी-कभी मुझसे मिलने आ जाती है
मैं बच्चों के कुछ गीत सुनाता हूँ उसको
उल्लास भरी वह मेरे संग-संग गाती है

इतनी पावन, इतनी मोहक, इतनी सुन्दर
जैसे उमंग ही स्वयं देह धर आयी हो
या देवों ने भी नर की सर्जन-शक्ति देख
सम्मोहित हो यह अमर आरती गायी हो

वह जैसे नयी कली चटके उपवन महके
धरती की शैया पर किरणों की अँगड़ाई
वह जैसे दूर कहीं पर बाँसुरिया बाजे
वह जैसे मण्डप के द्वारे की शहनाई

वह जैसे उत्सव की शिशुता हो मूर्तिमन्त
वह बचपन जैसे इन्द्रधनुष के रंगों का
वह जिज्ञासा जैसे किशोर हिरनी की हो
वह नर्तन जैसे सागर बीच तरंगों का

वह जैसे तुलसी के मानस की चौपाई
मैथिल-कोकिल-विद्यापति कवि का एक छन्द
वह भक्ति भरे जन्मान्ध सूर की एक तान
वह मीरा के पद से उठती अनघा सुगन्ध

वह मेघदूत की पीर, कथा रामायण की
उसके आगे लज्जित कवि-कुलगुरु का मनोज
वह वड्र्सवर्थ की लूसी का भारतीय रूप
वह महाप्राण की जैसे जीवित हो सरोज

सारे सुर उसकी बोली के आगे फीके
सारी चंचलता आँखों के आगे हारी
सारा आकाश समेटे अपनी बाँहों में
सब शब्द मौन हो जायें वह इतनी प्यारी

जब-जब उसके आगत का करता हूँ विचार
मैं अन्दर तक आकुलता से भर जाता हूँ

सच कहता हूँ जितना जीवन जीता दिन-भर
मैं रोज़ रात को उतना ही मर जाता हूँ

मैं सोच रहा हूँ जबकि समय की कुण्ठाएँ
कल ग्रन्थ पुराने इसके सम्मुख बाँचेंगी
कल जबकि नपुंसक फिकरों वाली सच्चाई
इसकी आँखों के आगे नंगी नाचेंगी

जब पता चलेगा कहीं किसी छत के नीचे
मेरा निर्माता पिता आज भी सोता है
इस टॉफ़ी, खेल-खिलौनों वाली दुनिया में
सम्बन्धों का ऐसा मज़ाक़ भी होता है

जब पता चलेगा कैसे सिक्कों के कारण
मेरी माँ को पीड़ा-गाली-दुत्कार मिली
लुटकर-पिटकर समझौतों की हद पर आकर
पैरों की ठोकर ही उसको हर बार मिली

वह दिन न कभी आये भगवान करे लेकिन
वह दिन आयेगा उसको आना ही होगा
यह भोलापन नासमझी मन में बनी रहे
लेकिन आँखों से इसको जाना ही होगा

तब हो सकता है पीर सहन न कर पाये
सारी मुस्कानें उड़ जायें और वह रो दे
जितनी स्वभाव की कोमलता संयोजित की
वह सारी प्रतिहिंसा के मेले में खो दे

जिन आँखों से अब तक उल्लास लुटाया था
उन आँखों से वह आग लगाने की सोचे
जिन होंठों से मुस्कान और बस गीत झरे
उन होंठों से विष-बाण चलाने की सोचे

तब भी क्या मैं कुछ नये खेल-करतब कौतुक
दिखलाकर इसको यूँ ही बहला पाऊँगा
तब भी क्या अपने सीने पर यूँ शीश टिका
आश्वस्ति भरे हाथों से सहला पाऊँगा

लेकिन मैं हूँ यायावर कवि मेरा क्या है
उस दिन मैं जाने कहाँ, कौन से लोक उड़ूँ
या गीतों-ग़ज़लों की अपनी गठरी समेट
मैं तब तक सुर के महालोक की ओर मुड़ूँ

मैं अतः तुम्हारी इस छोटी-सी मुट्ठी में
आशीष भरा यह गीत सौंप कर जाता हूँ
फूलों से रंग रँगे इन पावन अधरों को
बुधत्व भरा संगीत सौंष कर जाता हूँ

इस जीवन के सारे उल्लास तुम्हारे हों
सारे पतझर मेरे मधुमास तुम्हारे हों
आँसू की बरखा से धुलकर जो चमक उठे
ऐसे निरभ्र-निर्मल आकाश तुम्हारे हों

पीड़ा का क्या है, पीड़ा तो सबने दी है
लेकिन मेहँदी! तुम केवल मुस्कानें देना
विद्वेष हलाहल पीकर अमृत छलकाना
शिव वाली परम्परा को पहचानें देना

आँखों के पानी से सारी कालिख धोकर
इस धरा-वधू की शुभ्र हथेली पर रचना
आकाश भरे इसकी अब माँग कभी, मेहँदी!
तब रंग-गन्ध का बन प्रतीक तू ही बचना!!

है नमन उनको...

है नमन उनको कि जो यशकाय को अमरत्व देकर
इस जगत में शौर्य की जीवित कहानी हो गये हैं
है नमन उनको कि जिनके सामने बौना हिमालय
जो धरा पर गिर पड़े, पर आसमानी हो गये हैं

पिता, जिनके रक्त ने उज्ज्वल किया कुल-वंश-माथा
माँ, वही जो दूध से इस देश की रज तोल आयी
बहन, जिसने सावनों में भर लिया पतझर स्वयं ही
हाथ ना उलझें कलाई से जो राखी खोल लायी
बेटियाँ जो लोरियों में भी प्रभाती सुन रही थीं
'पिता तुम पर गर्व है' चुपचाप जाकर बोल आयीं
प्रिया, जिसकी चूड़ियों में सितारे से टूटते थे
माँग का सिन्दूर देकर जो उजाले मोल लायी
है नमन उस देहरी को जहाँ तुम खेले कन्हैया
घर तुम्हारे, परम तप की राजधानी हो गये हैं
है नमन उनको कि जिनके सामने बौना हिमालय
जो धरा पर गिर पड़े, पर आसमानी हो गये हैं

हमने लौटाये सिकन्दर सिर झुकाये, मात खाये
हमसे भिड़ते हैं वे, जिनका मन, धरा से भर गया है
नर्क में तुम पूछना अपने बुजुर्गों से कभी भी
उनके माथे पर हमारी ठोकरों का ही बयाँ है
सिंह के दाँतों से गिनती सीखने वालों के आगे

शीश देने की कला में क्या अजब है क्या नया है
जूझना यमराज से आदत पुरानी है हमारी
उत्तरों की खोज में फिर एक नचिकेता गया है
है नमन उनको कि जिनकी अग्नि से हारा प्रभंजन
काल-कौतुक जिनके आगे पानी-पानी हो गये हैं
है नमन उनको कि जिनके सामने बौना हिमालय
जो धरा पर गिर पड़े, पर आसमानी हो गये हैं

लिख चुकी है विधि तुम्हारी वीरता के पुण्य-लेखे
विजय के उद्घोष! गीता के कथन! तुमको नमन है
राखियों की प्रतीक्षा, सिन्दूरदानों की व्यथाओं
देशहित प्रतिबद्ध यौवन के सपन! तुमको नमन है
बहन के विश्वास भाई के सखा कुल के सहारे
पिता के व्रत के फलित! माँ के नयन! तुमको नमन है
कंचनी-तन, चन्दनी-मन, आह, आँसू, प्यार, सपने,
राष्ट्र के हित कर चले सब कुछ हवन तुमको नमन है
है नमन उनको कि जिनको काल पाकर हुआ पावन
शिखर जिनके चरण छूकर और मानी हो गये हैं
है नमन उनको कि जिनके सामने बौना हिमालय
जो धरा पर गिर पड़े, पर आसमानी हो गये हैं

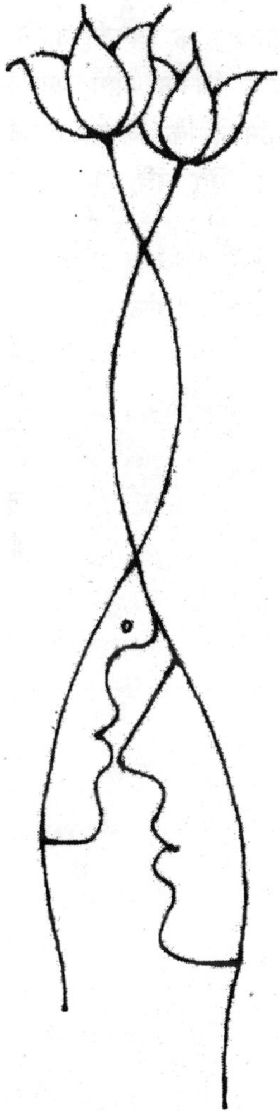

ये रदीफ़ों क़ाफ़िया

मैं तो झोंका हूँ

मैं तो झोंका हूँ हवाओं का उड़ा ले जाऊँगा
जागती रहना तुझे तुझसे चुरा ले जाऊँगा

हो के क़दमों पर निछावर फूल ने बुत से कहा
ख़ाक में मिल कर भी मैं ख़ुशबू बचा ले जाऊँगा

कौन सी शै मुझको पहुँचायेगी तेरे शहर तक
ये पता तो तब चलेगा जब पता ले जाऊँगा

कोशिशें मुझको मिटाने की भले हों क़ामयाब
मिटते-मिटते भी मैं मिटने का मज़ा ले जाऊँगा

शोहरतें जिनकी वजह से दोस्त दुश्मन हो गये
सब यहीं रह जायेंगी मैं साथ क्या ले जाऊँगा।

हर सदा पैग़ाम

हर सदा पैग़ाम देती फिर रही दर-दर
चुप्पियों से भी बड़ा है चुप्पियों का डर

रोज़ मौसम की शरारत झेलता कब तक
मैंने ख़ुद में रच लिए कुछ ख़ुशनुमा मंज़र

वक़्त ने मुझ से कहा "कुछ चाहिए तो कह"
मैं बोला शुक्रिया मुझको मुआफ़ कर

मैं भी उस मुश्किल से गुज़रा हूँ जो तुझ पर है
राह निकलेगी कोई तू सामना तो कर

उनकी ख़ैरो-ख़बर

उनकी ख़ैरो-ख़बर नहीं मिलती
हमको ही ख़ासकर नहीं मिलती

शायरी को नज़र नहीं मिलती
मुझको तू ही अगर नहीं मिलती

रूह में, दिल में, जिस्म में दुनिया
ढूँढ़ता हूँ मगर नहीं मिलती

लोग कहते हैं रूह बिकती है
मैं जिधर हूँ उधर नहीं मिलती

रंग दुनिया ने

रंग, दुनिया ने दिखाया है निराला देखूँ
है अँधेरे में उजाला तो उजाला, देखूँ

आईना रख दे मेरे सामने आख़िर मैं भी
कैसा लगता है तेरा चाहने वाला देखूँ

कल तलक वो जो मेरे सर की कसम खाता था
आज सर उसने मेरा कैसे उछाला देखूँ

मुझसे माज़ी मेरा कल रात सहम कर बोला
किस तरह मैंने यहाँ ख़ुद को सँभाला देखूँ

जिसके आँगन से खुले थे मेरे सारे रस्ते
उस हवेली पे भला कैसे मैं ताला देखूँ

सब तमन्नाएँ हों पूरी

सब तमन्नाएँ हों पूरी, कोई ख़्वाहिश भी रहे
चाहता वो है, मुहब्बत में नुमाइश भी रहे

आसमाँ चूमे मेरे पंख, तेरी रहमत से
और किसी पेड़ की डाली पे रिहाइश भी रहे

उसने सौंपा नहीं मुझको मेरे हिस्से का वजूद
उसकी कोशिश है कि मुझसे मेरी रंजिश भी रहे

मुझको मालूम है, मेरा है वो, मैं उसका हूँ
उसकी चाहत है कि रस्मों की ये बन्दिश भी रहे

मौसमों से रहें 'विश्वास' के ऐसे रिश्ते
कुछ अदावत भी रहे, थोड़ी नवाज़िश भी रहे

दिल तो करता है

दिल तो करता है ख़ैर करता है
आपका ज़िक्र ग़ैर करता है

क्यों न मैं दिल से दूँ दुआ उसको
जबकि वो मुझसे बैर करता है

आप तो हूबहू वही हैं जो
मेरे सपनों में सैर करता है

इश्क़ क्यूँ आपसे ये दिल मेरा
मुझसे पूछे बग़ैर करता है

एक ज़र्रा दुआएँ माँ की ले
आसमानों की सैर करता है

पल की बात थी

मैं जिसे मुद्दत में कहता था वो पल की बात थी,
आपको भी याद होगा आजकल की बात थी।

रोज़ मेला जोड़ते थे वे समस्या के लिए,
और उनकी जेब में ही बन्द हल की बात थी।

उस सभा में सभ्यता के नाम पर जो मौन था,
बस उसी के कथ्य में मौजूद तल की बात थी।

नीतियाँ झूठी पड़ीं घबरा गये सब शास्त्र भी,
झोंपड़ी के सामने जब भी महल की बात थी।

चन्द कलियाँ निशात की

कोई दीवाना कहता है

कोई दीवाना कहता है कोई पागल समझता है
मगर धरती की बेचैनी को बस बादल समझता है
मैं तुझसे दूर कैसा हूँ, तू मुझसे दूर कैसी है
ये तेरा दिल समझता है या मेरा दिल समझता है

मुहब्बत एक अहसासों की पावन-सी कहानी है
कभी कबीरा दीवाना था, कभी मीरा दीवानी है
यहाँ सब लोग कहते हैं मेरी आँखों में आँसू हैं
जो तू समझे तो मोती हैं, जो ना समझे तो पानी है

बदलने को तो इन आँखों के मंज़र कम नहीं बदले
तुम्हारी याद के मौसम, हमारे ग़म नहीं बदले
तुम अगले जन्म में हमसे मिलोगी तब तो मानोगी
ज़माने और सदी की इस बदल में हम नहीं बदले

हमें मालूम है दो दिल जुदाई सह नहीं सकते
मगर रस्मे-वफ़ा ये है कि ये भी कह नहीं सकते
ज़रा कुछ देर तुम उन साहिलों की चीख़ सुन भर लो
जो लहरों में तो डूबे हैं, मगर संग बह नहीं सकते

समन्दर पीर का अन्दर है लेकिन रो नहीं सकता
ये आँसू प्यार का मोती है इसको खो नहीं सकता
मेरी चाहत को दुल्हन तू बना लेना मगर सुन ले
जो मेरा हो नहीं पाया वो तेरा हो नहीं सकता

मिले हर ज़ख़्म को, मुस्कान से सीना नहीं आया
अमरता चाहते थे, पर गरल पीना नहीं आया
तुम्हारी और मेरी दास्ताँ में फ़र्क़ इतना है
मुझे मरना नहीं आया, तुम्हें जीना नहीं आया

पनाहों में जो आया हो तो उस पे वार क्या करना
जो दिल हारा हुआ हो उस पे फिर अधिकार क्या करना
मुहब्बत का मज़ा तो डूबने की कशमकश में है
हो ग़र मालूम गहराई तो दरिया पार क्या करना

जहाँ हर दिन सिसकना है, जहाँ हर रात गाना है
हमारी ज़िन्दगी भी इक तवायफ़ का घराना है
बहुत मजबूर होकर गीत रोटी के लिखे मैंने
तुम्हारी याद का क्या है उसे तो रोज़ आना है

तुम्हारे पास हूँ लेकिन जो दूरी है, समझता हूँ
तुम्हारे बिन मेरी हस्ती अधूरी है, समझता हूँ
तुम्हें मैं भूल जाऊँगा ये मुमकिन है नहीं लेकिन
तुम्हीं को भूलना सबसे ज़रूरी है, समझता हूँ

मैं जब भी तेज़ चलता हूँ नज़ारे छूट जाते हैं
कोई जब रूप गढ़ता हूँ तो साँचे टूट जाते हैं
मैं रोता हूँ तो आकर लोग कन्धा थपथपाते हैं
मैं हँसता हूँ तो अक्सर लोग मुझसे रूठ जाते हैं

सदा तो धूप के हाथों में ही परचम नहीं होता
ख़ुशी के घर में भी बोलो कभी क्या ग़म नहीं होता
फ़क़त इक आदमी के वास्ते जग छोड़ने वालो
फ़क़त उस आदमी से ये ज़माना कम नहीं होता

हमारे वास्ते कोई दुआ माँगे, असर तो हो
हक़ीक़त में कहीं पर हो न हो आँखों में घर तो हो

तुम्हारे प्यार की बातें सुनाते हैं ज़माने को
तुम्हें ख़बरों में रखते हैं मगर तुमको ख़बर तो हो

बताऊँ क्या मुझे ऐसे सहारों ने सताया है
नदी तो कुछ नहीं बोली किनारों ने सताया है
सदा ही शूल मेरी राह से ख़ुद हट गये लेकिन
मुझे तो हर घड़ी, हर पल बहारों ने सताया है

हर इक नदिया के होंठों पर समन्दर का तराना है
यहाँ फरहाद के आगे सदा कोई बहाना है
वही बातें पुरानी थीं, वही क़िस्सा पुराना है
तुम्हारे और मेरे बीच में फिर से ज़माना है

मेरा प्रतिमान आँसू में भिगोकर गढ़ लिया होता
अकिंचन पाँव तब आगे तुम्हारा बढ़ लिया होता
मेरी आँखों में भी अंकित समर्पण की ऋचाएँ थीं
उन्हें कुछ अर्थ मिल जाता तो जो तुमने पढ़ लिया होता

कोई ख़ामोश है इतना बहाने भूल आया हूँ
किसी की इक तरन्नुम में तराने भूल आया हूँ
मेरी अब राह मत तकना कभी ऐ आसमाँ वालो
मैं इक चिड़िया की आँखों में उड़ानें भूल आया हूँ

हमें दो पल सुरूरे-इश्क़ में मदहोश रहने दो
ज़ेहन की सीढ़ियाँ उतरो, अमाँ ये जोश रहने दो
तुम्ही कहते थे "ये मसलें, नज़र सुलझी तो सुलझेंगे"
नज़र की बात है तो फिर ये लब ख़ामोश रहने दो

मैं उसका हूँ वो इस अहसास से इनकार करता है
भरी महफ़िल में वो रुसवा मुझे हर बार करता है
यक़ीं है सारी दुनिया को ख़फ़ा है मुझसे वो लेकिन
मुझे मालूम है फिर भी मुझी से प्यार करता है

अभी चलता हूँ, रस्ते को मैं मंज़िल मान लूँ कैसे
मसीहा दिल को अपनी ज़िद का क़ातिल मान लूँ कैसे
तुम्हारी याद के, आदिम-अँधेरे मुझको घेरे हैं
तुम्हारे बिन जो बीते दिन उन्हें दिन मान लूँ कैसे

भ्रमर कोई कुमुदिनी पर मचल बैठा तो हंगामा
हमारे दिल में कोई ख़्वाब पल बैठा तो हंगामा
अभी तक डूब कर सुनते थे सब क़िस्सा मुहब्बत का
मैं क़िस्से को हक़ीक़त में बदल बैठा तो हंगामा

कभी कोई जो खुलकर हँस लिया दो पल तो हंगामा
कोई ख़्वाबों में आकर बस लिया दो पल तो हंगामा
मैं उससे दूर था तो शोर था साज़िश है, साज़िश है
उसे बाँहों में खुलकर कस लिया दो पल तो हंगामा

जब आता है जीवन में ख़यालातों का हंगामा
ये जज़्बातों, मुलाक़ातों, हसीं रातों का हंगामा
जवानी के क़यामत दौर में यह सोचते हैं सब
ये हंगामे की रातें हैं, या है रातों का हंगामा

क़लम को ख़ून में ख़ुद के डुबोता हूँ तो हंगामा
गिरेबाँ अपना आँसू में भिगोता हूँ तो हंगामा
नहीं मुझ पर भी जो ख़ुद की ख़बर वो है ज़माने पर
मैं हँसता हूँ तो हंगामा, मैं रोता हूँ तो हंगामा

इबारत से गुनाहों तक की मंज़िल में है हंगामा या
ज़रा-सी पी के आये बस तो महफ़िल में है हंगामा
कभी बचपन, जवानी और बुढ़ापे में है हंगामा
ज़ेहन में है कभी तो फिर कभी दिल में है हंगामा

हुए पैदा तो धरती पर हुआ आबाद हंगामा
जवानी को हमारी कर गया बर्बाद हंगामा

हमारे भाल पर तक़दीर ने ये लिख दिया जैसे
हमारे सामने है और हमारे बाद हंगामा

ये उर्दू बज़्म है और मैं तो हिन्दी माँ का जाया हूँ
ज़बानें मुल्क़ की बहनें हैं ये पैग़ाम लाया हूँ
मुझे दुगनी मुहब्बत से सुनो उर्दू ज़बाँ वालो
मैं अपनी माँ का बेटा हूँ, मैं घर मौसी के आया हूँ

स्वयं से दूर हो तुम भी, स्वयं से दूर हैं हम भी
बहुत मशहूर हो तुम भी, बहुत मशहूर हैं हम भी
बड़े मग़रूर हो तुम भी, बड़े मग़रूर हैं हम भी
अतः मजबूर हो तुम भी, अतः मजबूर हैं हम भी

हरेक टूटन, उदासी, ऊब, आवारा ही होती है
इसी आवारगी में प्यार की शुरुआत होती है
मेरे हँसने को उसने भी गुनाहों में गिना जिसके
हरेक आँसू को मैंने यूँ सँभाला जैसे मोती है

कहीं पर जग लिए तुम बिन, कहीं पर सो लिए तुम बिन
भरी महफ़िल में भी अक्सर, अकेले हो लिए तुम बिन
ये पिछले चन्द बरसों की, कमाई साथ है अपने
कभी तो हँस लिए तुम बिन, कभी फिर रो लिए तुम बिन

हमें दिल में बसाकर अपने घर जायें तो अच्छा हो
हमारी बात सुन लें और ठहर जायें तो अच्छा हो
ये सारी शाम जब नज़रों ही नज़रों में बिता दी है
तो कुछ पल और आँखों में गुज़र जायें तो अच्छा है

नज़र में शोख़ियाँ लब पर मुहब्बत का तराना है
मेरी उम्मीद की ज़द में अभी सारा ज़माना है
कई जीते हैं दिल के देश पर मालूम है मुझको
सिकन्दर हूँ मुझे इक रोज़ ख़ाली हाथ जाना है

हमारे शेर सुनकर भी जो वो ख़ामोश इतना है
ख़ुदा जाने गुरूरे-हुस्न में मदहोश कितना है
किसी प्याले ने पूछा है सुराही से सबब मय का
जो ख़ुद बेहोश है वो क्या बताये होश कितना है

बस्ती-बस्ती घोर उदासी, पर्वत-पर्वत ख़ालीपन
मन हीरा बेमोल लुट गया, घिस-घिस- रीता तन चन्दन
इस धरती से उस अम्बर तक, दो ही चीज़ ग़ज़ब की हैं
एक तो तेरा भोलापन है, एक मेरा दीवानापन

इस दीवानेपन की लौ में, धरती-अम्बर छूट गया
आँखों में जो लहरा था वो, आँचल पल भर में छूट गया
टूट गयी बाँसुरी और हम बने द्वारिकाधीश मगर
अपना गोकुल बिसर गया और गाँव-गली, घर छूट गया

सब अपने दिल के राजा हैं सबकी कोई रानी है
कभी प्रकाशित हो न हो पर सबकी एक कहानी है
बहुत सरल है पता लगाना किसने कितना दर्द सहा
जिसकी जितनी आँख हँसे हैं उतनी पीर पुरानी है

जिसकी धुन पर दुनिया नाचे, दिल ऐसा इकतारा है
जो हमको भी प्यारा है और जो तुमको भी प्यारा है
झूम रही है सारी दुनिया, जबकि हमारे गीतों पर
तब कहती हो प्यार हुआ है, क्या अहसान तुम्हारा है

धरती बनना बहुत सरल है कठिन है बादल हो जाना
संजीदा होने में क्या है मुश्किल पागल हो जाना
रंग खेलते हैं सब लेकिन कितने लोग हैं ऐसे जो
सीख गये हैं फागुन की मस्ती में फागुन हो जाना

सखियों संग रंगने की धमकी सुनकर क्या डर जाऊँगा
तेरी गली में क्या होगा ये मालूम है पर आऊँगा

भीग रही है काया सारी खजुराहो की मूरत-सी
इस दर्शन का और प्रदर्शन मत करना मर जाऊँगा

क़िस्मत सपन सँवार रही है, सूरज पलकें चूम रहा है
यूँ तो जिसकी आहट भर से, धरती-अम्बर झूम रहा है
नाच रहे हैं जंगल, पर्वत, मोर, चकोर सभी लेकिन
उस बादल की पीड़ा समझो, जो बिन बरसे घूम रहा है

हमने दुःख के महा-सिन्धु से सुख का मोती बीना है
और उदासी के पंजों से, हँसने का सुख छीना है
मान और सम्मान हमें ये याद दिलाते हैं पल-पल
भीतर-भीतर मरना है पर बाहर-बाहर जीना है

इस उड़ान पर अब शर्मिन्दा, तू भी है और मैं भी हूँ
आसमान से गिरा परिन्दा, तू भी है और मैं भी हूँ
छूट गयीं रस्ते में जीने-मरने की सारी क़समें
अपने-अपने हाल में ज़िन्दा, तू भी है और मैं भी हूँ

ख़ुशहाली में इक बदहाली, तू भी है और मैं भी हूँ
हर निगाह पर एक सवाली, तू भी है और मैं भी हूँ
दुनिया कुछ भी अर्थ लगाये, हम दोनों को मालूम है
भरे-भरे पर ख़ाली-ख़ाली, तू भी है और मैं भी हूँ

तुम अमर राग-माला बनो तो सही
एक पावन शिवाला बनो तो सही
लोग पढ़ लेंगे तुमसे सबक़ प्यार का
प्रीति की पाठशाला बनो तो सही

ताल को ताल की झंकृति तो मिले
रूप को भाव की अनुकृति तो मिले
मैं भी सपनों में आने लगूँ आपके
पर मुझे आपकी स्वीकृति तो मिले

दीप ऐसे बुझे फिर जले ही नहीं
ज़ख़्म इतने मिले फिर सिले ही नहीं
व्यर्थ क़िस्मत पे रोने से क्या फ़ायदा
सोच लेना कि हम तुम मिले ही नहीं

लाख अंकुश सहे इस मृदुल गात पर
बन्दिशें कब निभीं मेरे जज़्बात पर
आपने पर मुझे बेवफ़ा जब कहा
आँख नम हो गयीं आपकी बात पर

झूठी तसल्लियों से कुछ भी भला न होगा
या प्यार ही अधूरा खुलकर पता न होगा
अब भी समय है उसको रो-रो के रोक लो तुम
वो दूर जाने वाला घर से चला न होगा

वही कच्चे आमों के दिन गाँव में हैं
वही नर्म छाँवों के दिन गाँव में हैं
मगर ये शहर की अजब उलझनें हैं
न तुम गाँव में हो न हम गाँव में हैं

मोह को त्यागे हुए पंछी बहुत ख़ुश थे
रात भर जागे हुए पंछी बहुत ख़ुश थे
यूँ किसी कोने में कोई डर भी था लेकिन
नीड़ से भागे हुए पंछी बहुत ख़ुश थे

दर्द का साज दे रहा हूँ तुम्हें
दिल के सब राज़ दे रहा हूँ तुम्हें
ये ग़ज़ल, गीत सब बहाने हैं
मैं तो आवाज़ दे रहा हूँ तुम्हें...